Obra Completa de C.G. Jung
Volume 11/1

Psicologia e religião

Comissão responsável pela organização do lançamento da
Obra Completa de C.G. Jung em português:
Dr. Léon Bonaventure
Dr. Leonardo Boff
Dora Mariana Ribeiro Ferreira da Silva
Dra. Jette Bonaventure

A Comissão responsável pela tradução da Obra Completa de C.G. Jung sente-se honrada em expressar seu agradecimento à Fundação Pro Helvetia, de Zurique, pelo apoio recebido.

Dados Internacionais de Catalogação na Publicação (CIP)
CIP-Brasil. Catalogação-na-fonte
Sindicato Nacional dos Editores de Livros, RJ.

J92p

Jung, Carl Gustav, 1875-1961.

Psicologia e religião / C.G. Jung; tradução do Pe. Dom Mateus Ramalho Rocha; revisão técnica de Dora Ferreira da Silva. – 11. ed. – Petrópolis, Vozes, 2012.
160p.

Título original: Zur Psychologie westlicher und östlicher Religion

19ª reimpressão, 2023.

ISBN 978-85-326-0444-6

Bibliografia.
1. Psicologia aplicada. 2. Psicologia religiosa.
I. Título.

78-0573

CDD-158

200.19

C.G. Jung

Psicologia e religião

11/1

© 1971, Walter-Verlag, AG, Olten

Tradução realizada a partir do original em alemão intitulado *Zur Psychologie westlicher und östlicher Religion* (Band 11)
Psichologie und Religion

Editores da edição suíça:
Marianne Niehus-Jung
Dra. Lena Hurwitz-Eisner
Dr. Med. Franz Riklin
Lilly Jung-Merker
Dra. Fil. Elisabeth Rüf

Direitos exclusivos de publicação em língua portuguesa:
1979, Editora Vozes Ltda.
Rua Frei Luís, 100
25689-900 Petrópolis, RJ
www.vozes.com.br
Brasil

Todos os direitos reservados. Nenhuma parte desta obra poderá ser reproduzida ou transmitida por qualquer forma e/ou quaisquer meios (eletrônico ou mecânico, incluindo fotocópia e gravação) ou arquivada em qualquer sistema ou banco de dados sem permissão escrita da editora.

CONSELHO EDITORIAL

Diretor
Gilberto Gonçalves Garcia

Editores
Aline dos Santos Carneiro
Edrian Josué Pasini
Marilac Loraine Oleniki
Welder Lancieri Marchini

Conselheiros
Elói Dionísio Piva
Francisco Morás
Ludovico Garmus
Teobaldo Heidemann
Volney J. Berkenbrock

Secretário executivo
Leonardo A.R.T. dos Santos

Tradução: Pe. Dom Mateus Ramalho Rocha, OSB
Revisão técnica: Dora Ferreira da Silva

Diagramação: AG.SR Desenv. Gráfico
Capa: 2 estúdio gráfico

ISBN 978-85-326-2424-6 (Obra Completa de C.G. Jung)

ISBN 978-85-326-0444-6 (Brasil)
ISBN 3-530-40711-9 (Suíça)

Este livro foi composto e impresso pela Editora Vozes Ltda.

Sumário

Prefácio da edição alemã, 7

Parte I
Religião ocidental, 11

Psicologia e religião, 13

1. A autonomia do inconsciente, 17

2. Dogma e símbolos naturais, 51

3. História e psicologia de um símbolo natural, 84

Referências, 133

Índice analítico, 143

Prefácio da edição alemã

A problemática religiosa ocupa um lugar central na obra de C.G. Jung. Quase todos os seus escritos, especialmente os dos últimos anos, tratam do fenômeno religioso. O que Jung entende por religião não se vincula a determinadas confissões. Trata-se, como ele próprio diz, de "uma observação acurada e conscienciosa daquilo que Rudolf Otto chamou de *numinosum*. Esta definição vale para todas as formas de religião, inclusive para as primitivas, e corresponde à atitude respeitosa e tolerante de Jung em relação às religiões não cristãs.

O maior mérito de Jung é o de haver reconhecido, como conteúdos arquétipos da alma humana, as representações primordiais coletivas que estão na base das diversas formas de religião.

O homem moderno sente, cada vez mais, falta de apoio nas confissões religiosas tradicionais. Reina atualmente uma grande incerteza no tocante a assuntos religiosos. A nova perspectiva desenvolvida por Jung permite-nos uma compreensão mais profunda dos valores tradicionais e confere um novo sentido às formas cristalizadas e esclerosadas.

Em *Psicologia e religião* Jung se utiliza de uma série de sonhos de um homem moderno, para revelar-nos a função exercida pela psique inconsciente, e que lembra a alquimia. No trabalho sobre o "Dogma da Trindade", mostra-nos determinadas semelhanças da teologia régia do Egito, assim como das representações babilônicas e gregas, com o cristianismo, e no estudo sobre o ordinário da missa usa ritos astecas e textos dos alquimistas como termos de comparação.

Na *Resposta a Jó* se ocupa, comovido e apaixonado, ao mesmo tempo, da imagem ambivalente de Deus, cuja metamorfose na alma humana pede uma interpretação psicológica.

Baseando-se no fato de que muitas neuroses têm um condicionamento religioso, Jung ressalta nos ensaios sobre "A relação entre a psicoterapia e a pastoral" e "Psicanálise e pastoral" a necessidade da colaboração entre a psicologia e a teologia.

A segunda parte do volume reúne, sobretudo, os comentários e prefácios a escritos religiosos do Oriente. Estes trabalhos mostram-nos, em essência, os confrontos e comparações entre os modos e formas de expressão do Oriente e do Ocidente.

O prefácio ao I Ging, livro sapiencial e oracular chinês, proveniente de tempos míticos imemoriais, também foi incorporado ao presente volume. Tendo em vista que um oráculo sempre tem alguma relação com o maravilhoso, o numinoso, e como, de acordo com a antiga tradição, os ensinamentos das sentenças oraculares do I Ging devem ser consideradas "acurada e conscienciosamente", é fácil perceber sua relação íntima com o religioso. O prefácio em questão é importante no conjunto da obra de Jung, por tratar da natureza e da validade do oráculo em si, tocando assim a região dos acasos significativos que devem ser interpretados não somente à luz do princípio da causalidade, mas também segundo o princípio derivado da sincronicidade.

O volume vem acrescido de um apêndice, que não figura na edição inglesa*. Trata-se, no caso, de escritos em que Jung responde de maneira um tanto pessoal a perguntas a respeito de problemas religiosos, contribuindo, deste modo, para um ulterior esclarecimento dos temas tratados na parte principal do volume.

Numa entrevista dada à televisão inglesa, ao lhe perguntarem se acreditava em Deus, Jung respondeu: "I do not believe, I know". Esta curta frase desencadeou uma avalanche de perguntas, de tal proporção, que ele foi obrigado a manifestar-se a respeito, numa carta dirigida ao jornal inglês de rádio e televisão *The Listener*. É digno de nota que o entomologista Jean-Henri Fabre (1823-1915) exprimira sua convicção religiosa em termos quase idênticos: "Não acredito em Deus: eu o *vejo*". Tanto Jung como Fabre adquiriram tal certeza no trato com a natureza: Fabre, com a natureza dos instintos, observando o mundo dos insetos; Jung, no trato com a natureza psíquica do homem, observando e sentindo as manifestações do inconsciente.

---

* Na edição portuguesa, constará do volume 11 completo.

A seleção dos textos deste volume segue a do tomo correspondente aos *Collected Works,* Bollingen Series XX, Pantheon, Nova York, e Routledge & Kegan Paul Ltd., Londres. Também a paragrafação contínua é, com exceção do apêndice, a do referido volume.

Apresentamos aqui nossos calorosos e sinceros agradecimentos à Sra. Aniela Jaffé, por seu auxílio no tocante a muitas questões, à Sra. Dra. Marie-Louise v. Franz por sua ajuda no controle das citações gregas e latinas, e à Sra. Elisabeth Riklin pela elaboração do índice.

Abril de 1963.

Parte I
Religião ocidental

Primeira seção
Psicologia e religião

Prefácio

Aproveitei a oportunidade que me proporcionou o trabalho de revisão da tradução alemã das *Terry Lectures* para introduzir uma série de correções, consistindo, quase todas, em ampliações e acréscimos. Isto concerne principalmente à segunda e terceira conferências.

A edição original inglesa já continha muito mais do que fora possível incluir nas conferências realizadas. Apesar disto, conservou, na medida do possível, a forma coloquial porque o gosto americano se mostra mais acessível a este estilo do que ao de um tratado científico. Também sob este aspecto a edição alemã se afasta do original inglês, sem que tenham sido feitas mudanças substanciais.

Outubro de 1939.

O autor

I
A autonomia do inconsciente

Parece que o propósito do fundador das *Terry Lectures* é o de proporcionar, tanto aos representantes das Ciências Naturais, quanto aos da Filosofia e de outros campos do saber humano, a oportunidade de trazer sua contribuição para o esclarecimento do eterno problema da religião. Tendo a Universidade de Yale me concedido o honroso encargo das *Terry Lectures* de 1937, considero minha tarefa mostrar o que a psicologia, ou melhor, o ramo da psicologia médica que represento, tem a ver com a religião ou pode dizer sobre a mesma. Visto que a religião constitui, sem dúvida alguma, uma das expressões mais antigas e universais da alma humana, subentende-se que todo o tipo de psicologia que se ocupa da estrutura psicológica da personalidade humana deve pelo menos constatar que a religião, além de ser um fenômeno sociológico ou histórico, é também um assunto importante para grande número de indivíduos.

Embora me tenham chamado frequentemente de filósofo, sou apenas um empírico e, como tal, me mantenho fiel ao ponto de vista fenomenológico. Mas não acho que infringimos os princípios do empirismo científico se, de vez em quando, fazemos reflexões que ultrapassam o simples acúmulo e classificação do material proporcionado pela experiência. Creio, de fato, que não há experiência possível sem uma consideração reflexiva, porque a "experiência" constitui um processo de assimilação, sem o qual não há compreensão alguma. Daqui se deduz que abordo os fatos psicológicos, não sob um ângulo filosófico, mas de um ponto de vista científico-natural. Na medida em que o fenômeno religioso apresenta um aspecto psicológico muito importante, trato o tema dentro de uma perspectiva exclusivamente empírica: limito-me, portanto, a observar os fenômenos e me abstenho de qualquer abordagem metafísica ou filosófica. Não nego a validade de outras abordagens, mas não posso pretender a uma correta aplicação desses critérios.

3   Sei muito bem que a maioria dos homens acredita estar a par de tudo o que se conhece a respeito da psicologia, pois acham que esta é apenas o que sabem acerca de si mesmos. Mas a psicologia, na realidade, é muito mais do que isto. Guardando escassa vinculação com a filosofia, ocupa-se muito mais com fatos empíricos, dos quais uma boa parte é dificilmente acessível à experiência corrente. Eu me proponho, pelo menos, a fornecer algumas noções do modo pelo qual a psicologia prática se defronta com o problema religioso. É claro que a amplitude do problema exigiria bem mais do que três conferências, visto que a discussão necessária dos detalhes concretos tomaria muito tempo, impelindo-nos a um número considerável de esclarecimentos. O primeiro capítulo deste estudo será uma espécie de introdução ao problema da psicologia prática e de suas relações com a religião. O segundo se ocupará de fatos que evidenciam a existência de uma função religiosa no inconsciente. O terceiro versará sobre o simbolismo religioso dos processos inconscientes.

4   Visto que minhas explanações são de caráter bastante inusitado, não deve pressupor que meus ouvintes estejam suficientemente familiarizados com o critério metodológico do tipo de psicologia que represento. Trata-se de um ponto de vista exclusivamente científico, isto é, tem como objeto certos fatos e dados da experiência. Em resumo: trata de acontecimentos concretos. Sua verdade é um fato e não uma apreciação. Quando a psicologia se refere, por exemplo, ao tema da concepção virginal, só se ocupa da existência de tal ideia, não cuidando de saber se ela é verdadeira ou falsa, em qualquer sentido. A ideia é psicologicamente verdadeira, na medida em que existe. A existência psicológica é subjetiva, porquanto uma ideia só pode ocorrer num indivíduo. Mas é objetiva, na medida em que mediante um *consensus gentium* é partilhada por um grupo maior.

5   Este ponto de vista é também o das Ciências Naturais. A psicologia trata de ideias e de outros conteúdos espirituais, do mesmo modo que, por exemplo, a zoologia se ocupa das diversas espécies animais. Um elefante é verdadeiro porque existe. O elefante não é uma conclusão lógica, nem corresponde a uma asserção ou juízo subjetivo de

um intelecto criador. É simplesmente um fenômeno. Mas estamos tão habituados com a ideia de que os acontecimentos psíquicos são produtos arbitrários do livre-arbítrio, e mesmo invenções de seu criador humano, que dificilmente podemos nos libertar do preconceito de considerar a psique e seus conteúdos como simples invenções arbitrárias ou produtos mais ou menos ilusórios de conjeturas e opiniões. O fato é que certas ideias ocorrem quase em toda a parte e em todas as épocas, podendo formar-se de um modo espontâneo, independentemente da migração e da tradição. Não são criadas pelo indivíduo, mas lhe ocorrem simplesmente, e mesmo irrompem, por assim dizer, na consciência individual. O que acabo de dizer não é filosofia platônica, mas psicologia empírica.

Antes de falar da religião, devo explicar o que entendo por este termo. Religião é – como diz o vocábulo latino *religere* – uma *acurada e conscienciosa observação* daquilo que Rudolf Otto[1] acertadamente chamou de "numinoso", isto é, uma existência ou um efeito dinâmico não causados por um ato arbitrário. Pelo contrário, o efeito se apodera e domina o sujeito humano, mais sua vítima do que seu criador. Qualquer que seja a sua causa, o numinoso constitui uma condição do sujeito, e é independente de sua vontade. De qualquer modo, tal como o *consensus gentium*, a doutrina religiosa mostra-nos invariavelmente e em toda a parte que esta condição deve estar ligada a uma causa externa ao indivíduo. O numinoso pode ser a propriedade de um objeto visível, ou o influxo de uma presença invisível, que produzem uma modificação especial na consciência. Tal é, pelo menos, a regra universal.

Mas logo que abordamos o problema da atuação prática ou do ritual deparamos com certas exceções. Grande número de práticas rituais são executadas unicamente com a finalidade de provocar deliberadamente o efeito do numinoso, mediante certos artifícios mágicos como, por exemplo, a invocação, a encantação, o sacrifício, a meditação, a prática do ioga, mortificações voluntárias de diversos tipos etc. Mas certa crença religiosa numa causa exterior e objetiva divina precede essas práticas rituais. A Igreja Católica, por exemplo, admi-

---

1. OTTO, R. *Das Heilige*. Breslau: [s.e.], 1917.

nistra os sacramentos aos crentes, com a finalidade de conferir-lhes os benefícios espirituais que comportam. Mas como tal ato terminaria por forçar a presença da graça divina, mediante um procedimento sem dúvida mágico, pode-se assim arguir logicamente: ninguém conseguiria forçar a graça divina a estar presente no ato sacramental, mas ela se encontra inevitavelmente presente nele, pois o sacramento é uma instituição divina que Deus não teria estabelecido, se não tivesse a intenção de mantê-la[2].

8   Encaro a religião como uma atitude do espírito humano, atitude que de acordo com o emprego originário do termo: *religio*, poderíamos qualificar a modo de uma *consideração e observação cuidadosas* de certos fatores dinâmicos concebidos como "potências": espíritos, demônios, deuses, leis, ideias, ideais, ou qualquer outra denominação dada pelo homem a tais fatores; dentro de seu mundo próprio a experiência ter-lhe-ia mostrado suficientemente poderosos, perigosos ou mesmo úteis, para merecerem respeitosa consideração, ou suficientemente grandes, belos e racionais, para serem piedosamente adorados e amados. Em inglês, diz-se de uma pessoa entusiasticamente interessada por uma empresa qualquer, "that he is almost religiously devoted to his cause". William James, por exemplo, observa que um homem de ciência muitas vezes não tem fé, embora seu "temperamento seja religioso"[3].

9   Eu gostaria de deixar bem claro que, com o termo "religião"[4], não me refiro a uma determinada profissão de fé religiosa. A verdade, porém, é que toda confissão religiosa, por um lado, se funda ori-

---

2. A *gratia adiuvans* e a *gratia sanctificans* são os efeitos *sacramentam ex opere operato*. O sacramento deve sua eficácia ao fato de ter sido instituído diretamente por Cristo. A Igreja é incapaz de unir o rito à graça de forma que o *actus sacramentalis* produza a presença e o efeito da graça, isto é, a *res et sacramentum*. Portanto, o rito exercido pelo padre não é *causa instrumentalis, mas simplesmente causa ministerialis*.

3. "But our esteem for facts has not neutralized in us all religiousness. It is itself almost religious. Our scientific temper is devout" (Porém, nosso respeito pelos fatos não neutralizou em nós toda religiosidade. Ele mesmo é quase religioso. Nossa disposição científica é piedosa). *Pragmatism*, 1911, p. 14s.

4. "Religio est, quae superioris cuiusdam naturae (quam divinam vocant) curam caeremoniamque affert". Cicero, *De Inventione Rhetorica*, II, p. 147 (Religião é aquilo que nos incute zelo e um sentimento de reverência por uma certa natureza de ordem superior que chamamos divina). "Religiose testimonium dicere ex jurisjurandi fide". Cicero, *Pro Coelio*, 55 (Prestar religiosamente um testemunho com um juramento de fé).

ginalmente na experiência do numinoso, e, por outro, na *pistis*, na fidelidade (lealdade), na fé e na confiança em relação a uma determinada experiência de caráter numinoso e na mudança de consciência que daí resulta. Um dos exemplos mais frisantes, neste sentido, é a conversão de Paulo. Poderíamos, portanto, dizer que o termo "religião" designa a atitude particular de uma consciência transformada pela experiência do numinoso.

As confissões de fé são formas codificadas e dogmatizadas de experiências religiosas originárias[5]. Os conteúdos da experiência foram sacralizados e, em geral, enrijeceram dentro de uma construção mental inflexível e, frequentemente, complexa. O exercício e a repetição da experiência original transformaram-se em rito e em instituição imutável. Isto não significa necessariamente que se trata de uma petrificação sem vida. Pelo contrário, ela pode representar uma forma de experiência religiosa para inúmeras pessoas, durante séculos, sem que haja necessidade de modificá-la. Embora muitas vezes se acuse a Igreja Católica por sua rigidez particular, ela admite que o dogma é vivo e, portanto, sua formulação seria, em certo sentido, susceptível de modificação e evolução. Nem mesmo o número de dogmas é limitado, podendo aumentar com o decorrer do tempo. O mesmo ocorre com o ritual. De um modo ou de outro, qualquer mudança ou desenvolvimento são determinados pelos marcos dos fatos originariamente experimentados, através dos quais se estabelece um tipo particular de conteúdo dogmático e de valor afetivo. Até mesmo o protestantismo – que, ao que parece, se libertou quase totalmente da tradição dogmática e do ritual codificado, desintegrando-se, assim, em mais de quatrocentas denominações – até mesmo o protestantismo, repetimos, é obrigado a ser, pelo menos, cristão e a expressar-se dentro do quadro de que Deus se revelou em Cristo, o qual padeceu pela humanidade. Este é um quadro bem determinado, com conteúdos precisos, e não é possível ampliá-lo ou vinculá-lo a ideias e sentimentos budistas ou islâmicos. No entanto, sem dúvida alguma, não só Buda, Maomé, Confúcio ou Zaratustra constituem fenômenos religiosos,

---

5. SCHOLZ, H. *Die Religionsphilosophie des Als-Ob*. Leipzig: [s.e.], 1921, insiste num ponto de vista semelhante; cf. tb. PEARCY, H.R. *A Vindication of Paul*. Nova York: [s.e.], 1936.

mas igualmente Mitra, Cibele, Átis, Manes, Hermes e muitas outras religiões exóticas. O psicólogo, que se coloca numa posição puramente científica, não deve considerar a pretensão de todo credo religioso: a de ser o possuidor da verdade exclusiva e eterna. Uma vez que trata da experiência religiosa primordial, deve concentrar sua atenção no aspecto humano do problema religioso, abstraindo o que as confissões religiosas fizeram com ele.

11 Como sou médico e especialista em doenças nervosas e mentais, não tomo como ponto de partida qualquer credo religioso, mas sim a psicologia do *homo religiosus*, do homem que considera e observa cuidadosamente certos fatores que agem sobre ele e sobre seu estado geral. É fácil a tarefa de denominar e definir tais fatores segundo a tradição histórica ou o saber etnológico, mas é extremamente difícil fazê-lo do ponto de vista da psicologia. Minha contribuição relativa ao problema religioso provém exclusivamente da experiência prática com meus pacientes, e com as pessoas ditas normais. Visto que nossas experiências com os seres humanos dependem, em grau considerável, daquilo que fazemos com eles, a única via de acesso para meu tema será a de proporcionar uma ideia geral do modo pelo qual procedo no meu trabalho profissional.

12 Como toda neurose se relaciona com a vida mais íntima do homem, o paciente solicitado a descrever, de forma detalhada, as circunstâncias e complicações que provocaram sua enfermidade, sofrerá fatalmente certas inibições. Mas por que motivo não pode falar livremente sobre as mesmas? Por que é medroso, tímido e esquivo? A causa reside na "observação cuidadosa" de certos fatores externos que se chamam opinião pública, respeitabilidade ou bom nome. E mesmo que confie em seu médico, mesmo que não se sinta envergonhado diante dele, hesitará em confessar certas coisas a *si mesmo*, como se fosse perigoso tomar consciência de si próprio. Em geral, temos medo daquilo que aparentemente pode subjugar-nos. Mas existe no homem algo que seja mais forte do que ele mesmo? Não devemos esquecer que toda neurose é acompanhada por um sentimento de desmoralização. O homem perde confiança em si mesmo na proporção de sua neurose. Uma neurose constitui uma derrota humilhante e desse modo é sentido por todos aqueles que não são de todo inconscientes de sua própria psicologia. O indivíduo sente-se derrotado por

algo de "irreal". Talvez seu médico há muito lhe disse que nada lhe falta, que ele não sofre do coração e não tem carcinoma algum. Seus sintomas são puramente imaginários. Mas, quanto mais acredita ser um *malade imaginaire*, tanto mais um sentimento de inferioridade se apodera de sua personalidade. "Se meus sintomas são imaginários" – dirá – "de onde me vem esta maldita imaginação e por que me ocupo com semelhante loucura?" Na realidade, é tocante termos diante de nós um homem dotado de inteligência, afirmando de modo quase suplicante que tem um carcinoma intestinal, para logo em seguida acrescentar, com voz sumida, que sabe obviamente ser seu carcinoma um produto de sua fantasia.

Temo que a concepção materialista usual da psique não nos ajuda muito nos casos de neurose. Se a alma possuísse um corpo de matéria sutil, pelo menos poder-se-ia dizer que esse corpo vaporoso sofreria de um carcinoma mais ou menos aéreo, da mesma forma que um corpo de matéria sólida é sujeito a sofrer tal enfermidade. Nesse caso, pelo menos, haveria algo de real. Talvez a medicina sinta uma aversão tão grande contra todo sintoma de natureza psíquica: para ela ou o organismo está doente, ou não lhe falta nada, absolutamente. Se não é possível verificar por que o organismo está doente, isto se deve ao fato dos meios disponíveis no momento não permitirem ainda ao médico descobrir a verdadeira natureza do transtorno, sem dúvida alguma, de origem orgânica.

Mas o que é a psique? Um preconceito materialista a considera apenas como um simples epifenômeno, um produto secundário do processo orgânico do cérebro. Afirma-se que todo transtorno psíquico deve ter uma causa orgânica ou física, ainda que não possamos demonstrá-lo, devido à imperfeição dos meios atuais de diagnóstico. A inegável conexão entre a psique e o cérebro confere a este ponto de vista uma certa importância, mas não de modo a erigi-lo em verdade exclusiva. Não sabemos se na neurose existe ou não um transtorno efetivo dos processos orgânicos do cérebro; quando se trata de transtornos de origem endócrina, não temos também condições de saber se elas são causa ou efeito da enfermidade.

Por outro lado, não há dúvida alguma de que as neuroses provêm de causas psíquicas. Na realidade, é difícil imaginar que um transtorno possa ser curado num instante, mediante uma simples confissão. Mas vi um caso de febre histérica, com temperatura de trinta e nove graus, curada em poucos minutos depois de detectada, mediante confissão, sua causa psicológica. E como explicaríamos os casos de enfermidades físicas, que são influenciadas ou mesmo curadas pela simples discussão de certos conflitos psíquicos penosos? Presenciei um caso de psoríase, que se estendia praticamente por todo o corpo e que depois de algumas semanas de tratamento psicológico diminuiu em cerca de nove décimos. Num outro caso, um paciente foi submetido a uma operação, por causa da dilatação do intestino grosso; foram extraídos quarenta centímetros deste último, mas logo se verificou uma considerável dilatação da parte restante. O paciente, desesperado, recusou-se a uma segunda operação, embora o cirurgião afirmasse sua urgência. Pois bem, logo que foram descobertos certos fatos psíquicos de natureza íntima, o intestino grosso do paciente começou a funcionar normalmente.

16   Experiências deste tipo, nada raras, tornam muito difícil acreditar que a psique nada representa ou que um fato imaginário é irreal. A psique só não está onde uma inteligência míope a procura. Ela existe, embora não sob uma forma física. É um preconceito quase ridículo a suposição de que a existência só pode ser de natureza corpórea. Na realidade, a única forma de existência de que temos conhecimento imediato é a psíquica. Poderíamos igualmente dizer que a existência física é pura dedução uma vez que só temos alguma noção da matéria através de imagens psíquicas, transmitidas pelos sentidos.

17   Seguramente cometeríamos um grave erro se esquecêssemos esta verdade simples, mas fundamental, pois mesmo que a imaginação fosse a única causa da neurose, ainda assim ela seria algo de muito real. Se um homem imaginasse que eu sou seu pior inimigo e me matasse, eu estaria morto por causa de uma mera fantasia. As fantasias existem e podem ser tão reais, nocivas e perigosas quanto os estados físicos. Acredito mesmo que os transtornos psíquicos são mais perigosos do que as epidemias e os terremotos. Nem mesmo as epidemias de cólera ou de varíola da Idade Média roubaram a vida a tantos homens como certas divergências de opinião por volta de 1914 ou certos "ideais" políticos na Rússia.

18   Nosso espírito não pode apreender sua própria forma de existência, por faltar-lhe seu ponto de apoio de Arquimedes, externa-

mente, e não obstante, existe. A psique existe, e mais ainda: é a própria existência.

Que resposta daremos, pois, a nosso enfermo do carcinoma imaginário? Eu diria: "Sim, meu amigo, sofres, na verdade, de um mal de natureza cancerosa. Abrigas, com efeito, um mal mortal que não matará teu corpo, porque é imaginário. Mas acabarás por matar tua alma. Já arruinou e envenenou tuas relações humanas e tua felicidade pessoal, e continuará a estender-se cada vez mais, até engolir toda a tua existência psíquica; chegarás ao ponto de não ser mais uma criatura humana, e sim um tumor maligno e destruidor".

Nosso paciente percebe que não é o causador de sua fantasia mórbida, embora seu entendimento teórico lhe sugira que é seu dono e produtor. Quando uma pessoa padece de um carcinoma verdadeiro, jamais acredita que seja, ele mesmo, o criador de semelhante mal, embora o carcinoma se encontre em seu próprio organismo. Mas quando se trata da psique, logo sentimos uma espécie de responsabilidade, como se fôssemos os produtores de nossos estados psíquicos. Este preconceito é de origem relativamente recente. Não há muito tempo, pessoas extremamente civilizadas acreditavam em agentes psíquicos capazes de influenciar nosso ânimo. Havia magos e bruxas, espíritos, demônios e anjos, e até mesmo deuses que podiam provocar certas mudanças psicológicas no homem. Em épocas anteriores, o homem do carcinoma imaginário teria tido sentimentos muito diversos em relação à sua ideia. Talvez admitisse que alguém tivesse feito um despacho contra ele, ou que estivesse possesso do demônio. Nunca lhe passaria pela cabeça considerar-se o causador de semelhante fantasia.

Eu suponho, de fato, que sua ideia do carcinoma é uma excrescência espontânea de uma parte da psique que não se identifica com a consciência. Ela se manifesta como uma formação autônoma, que se infiltra através da consciência. Podemos considerar a consciência como sendo nossa própria existência psíquica, mas o carcinoma também tem *sua* existência psíquica própria, independentemente de nós mesmos. Esta afirmação parece enfeixar perfeitamente todos os fatos observados. Se submetermos o caso deste paciente ao experimento da associação[6], não tardaremos a descobrir que ele não manda na

---

6. JUNG, C.G. *Diagnostische Assoziationsstudien*, 1910-1911.

própria casa: suas reações são demoradas, alteradas, reprimidas ou substituídas por intrusos autônomos. Um determinado número de palavras-estímulo não são respondidas por intenção consciente, mas por certos conteúdos autônomos, acerca dos quais a pessoa examinada muitas vezes não faz qualquer ideia. No caso estudado encontraremos indubitavelmente respostas provenientes do complexo psíquico cujas raízes estão na ideia do carcinoma. Todas as vezes que uma palavra estímulo toca em alguma coisa ligada ao complexo escondido, a reação da consciência do eu é alterada ou mesmo substituída por uma resposta originária do referido complexo. É como se o complexo fosse um ser autônomo, capaz de perturbar as intenções do eu. Na realidade, os complexos se comportam como personalidades secundárias ou parciais, dotadas de vida espiritual autônoma.

Certos complexos só estão separados da consciência porque esta preferiu descartar-se deles, mediante a repressão. Mas há outros complexos que nunca estiveram na consciência e, por isso, nunca foram reprimidos voluntariamente. Brotam do inconsciente e invadem a consciência com suas convicções e seus impulsos estranhos e imutáveis. O caso de nosso paciente pertence a esta última categoria. Apesar de sua cultura e inteligência, transformara-se em vítima de algo que o subjugava e possuía. Era inteiramente incapaz de qualquer autodefesa contra o poder demoníaco de seu estado mórbido. Com efeito, a ideia obsessiva foi crescendo dentro dele como um carcinoma. Um belo dia apareceu, e desde então continua inalterável. Só ocorrem breves períodos de liberdade.

A existência de semelhantes casos explica até certo ponto por que as pessoas têm medo de se tornarem conscientes de si mesmas. Alguma coisa poderia estar escondida por detrás dos bastidores – nunca se tem plena certeza disto – e, por isso, é preferível "observar e considerar cuidadosamente" os fatores exteriores à consciência. Na maioria das pessoas há uma espécie de δεισιδαιμονία (deisidaimonia) em relação aos possíveis conteúdos do inconsciente. Além de todo receio natural, de todo sentimento de pudor e de tato, existe em nós um temor secreto dos *perils of the soul* (dos perigos da alma). É muito natural que tenhamos repugnância de admitir um medo tão ridículo. Mas devemos saber que não se trata de um temor absurdo e sim bem justificado. Nunca podemos estar seguros de que uma ideia nova não se apodere de nós ou de nosso vizinho. Tanto a história contemporânea como a antiga nos ensina serem tais ideias, muitas vezes, tão estranhas e tão extravagantes, que a razão dificilmente as aceita. O fascínio que em geral acompanha uma dessas ideias, provoca uma obsessão fantástica que, por seu turno, faz com que todos os dissidentes – não importa se bem-intencionados ou sensatos – sejam queimados vivos, decapitados ou liquidados em massa por metrabalhadoras modernas. Não podemos sequer nos tranquilizar com a ideia de que tais acontecimentos pertencem a um passado remoto. Infelizmente, elas não só pertencem aos nossos dias, como devemos esperá-las também no futuro, e isto de forma muito especial. *Homo homini lupus* é uma máxima triste, mas de validez eterna. O homem tem, de fato, motivos suficientes para temer as forças impessoais que se acham ocultas em seu inconsciente. Encontramo-nos numa feliz inconsciência, uma vez que tais forças jamais, ou pelo menos quase nunca, se manifestam em nossas ações pessoais e em situações normais. Por outro lado, quando as pessoas se reúnem em grande número, tranformam-se em turba desordenada, desencadeando-se os dinamismos profundos do homem coletivo: as feras e demônios que dormitam no fundo de cada indivíduo, convertendo-o em partícula da massa. No seio da massa, o homem desce inconscientemente a um nível moral e intelectual inferior, que sempre existe sob o limiar da consciência, e o inconsciente está sempre pronto para irromper, logo que ocorra a formação e atração de uma massa.

Julgo um equívoco funesto considerar a psique humana como algo de puramente pessoal e explicá-la exclusivamente de um ponto de vista pessoal. Tal explicação só é válida para o indivíduo que se acha integrado em ocupações e relações diárias habituais. Mas a partir do momento em que surja uma ligeira variação como, por exemplo, um acontecimento imprevisto e um pouco inusitado, manifestam-se forças instintivas que parecem inteiramente fortuitas, novas e até mesmo estranhas; elas já não podem ser explicadas por motivos pessoais, e se assemelham a eventos primitivos, um pânico por ocasião de um eclipse solar, e coisas semelhantes. A tentativa de reduzir, por exemplo, a explosão sangrenta das ideias bolchevistas a um complexo paterno de ordem pessoal parece-me extremamente insatisfatória.

É surpreendente a transformação que se opera no caráter de um indivíduo quando nele irrompem as forças coletivas. Um homem afável pode tornar-se um louco varrido ou uma fera selvagem. Temos a propensão de inculpar as circunstâncias externas, mas nada poderia explodir em nós que já não existisse de antemão. Na realidade, vivemos sempre como que em cima de um vulcão, e a humanidade não dispõe de recursos preventivos contra uma possível erupção que aniquilaria todas as pessoas a seu alcance. Por certo, é bom pregar a sã razão e o bom-senso, mas o que deve fazer alguém quando seu auditório é constituído pelos moradores de um manicômio ou pela massa fanática? Entre os dois casos não há grande diferença, pois o alienado, tal como a turba, é movido por forças impessoais que o subjugam.

26   Na realidade, basta uma neurose para desencadear uma força impossível de controlar por meios racionais. O caso citado do carcinoma mostra-nos claramente como a razão e a compreensão humana são importantes diante do absurdo mais palpável. Aconselho sempre meus pacientes a considerar este disparate evidente e no entanto invencível, como a exteriorização de um poder e de um sentido ainda incompreensível para nós. A experiência tem-me ensinado que o meio mais eficaz é tomar a sério um fato como o citado e procurar uma explicação adequada para ele. Mas uma explicação só é satisfatória quando conduz a uma hipótese que equivalha ao efeito patológico. Nosso paciente enfrenta uma força volitiva e uma sugestão, às quais sua consciência nada pode contrapor. Nesta situação precária seria má estratégia convencer o paciente de que ele próprio estaria, de um modo difícil de se entender, por detrás de seu sintoma, inventando-o. Uma interpretação como esta paralisaria, de imediato, seu ânimo combativo, e baixaria seu nível moral. Será muito melhor para ele entender que seu complexo é uma potência autônoma, dirigida contra sua personalidade consciente. Além disso, tal explicação se ajusta muito mais aos fatos reais do que uma redução a motivos pessoais. É verdade que existe uma motivação de cunho inegavelmente pessoal, mas esta motivação não é intencional; simplesmente acontece no paciente.

27   Quando na epopeia babilônica Gilgamesh[7] provoca os deuses com sua presunção e sua *hybris*, estes inventam e criam um homem tão forte como Gilgamesh, a fim de pôr termo às ambições do herói. O mesmo acontece com nosso paciente: é um pensador que preten-

---

7. *Das Gilgamesch-Epos*. Tradução alemã de ALB. Schott, 1934.

dia ordenar continuamente o mundo com o poder de seu intelecto e entendimento. Tal ambição conseguiu pelo menos forjar seu destino pessoal. Submeteu tudo à lei inexorável de seu entendimento, mas em alguma parte a natureza se furtou sorrateiramente, vingando-se dele, sob o disfarce de um disparate absolutamente incompreensível: a ideia de um carcinoma. Este plano inteligente foi tramado pelo inconsciente, para travá-lo com cadeias cruéis e impiedosas. Foi o mais rude golpe desferido contra seus ideais racionais e principalmente contra sua fé no caráter onipotente da vontade humana. Tal obsessão só pode ocorrer num homem acostumado a abusar da razão e do intelecto para fins egoístas.

Gilgamesh, entretanto, escapou à vingança dos deuses. Teve sonhos que o preveniram contra esses perigos e ele os levou em consideração. Os sonhos lhe mostraram como vencer o inimigo. Quanto ao nosso paciente, homem de uma época em que os deuses foram eliminados e até mesmo passaram a gozar de má reputação, também teve sonhos, mas não os escutou. Como um homem inteligente poderia ser tão supersticioso a ponto de levar os sonhos a sério? O preconceito, muito difundido, contra os sonhos é apenas um dos sintomas da subestima muito mais grave da alma humana em geral. Ao magnífico desenvolvimento científico e técnico de nossa época, correspondeu uma assustadora carência de sabedoria e de introspecção. É verdade que nossas doutrinas religiosas falam de uma alma imortal, mas são muito poucas as palavras amáveis que dirige à psique humana real; esta iria diretamente para a perdição eterna se não houvesse uma intervenção especial da graça divina. Estes importantes fatores são responsáveis em grande medida – embora não de forma exclusiva –, pela subestima generalizada da psique humana. Muito mais antigo do que estes desenvolvimentos relativamente recentes são o medo e a aversão primitivos contra tudo o que confina com o inconsciente.

Podemos supor que em seus primórdios a consciência fosse muito precária. Ainda hoje podemos observar com que facilidade se perde a consciência nas comunidades relativamente primitivas. Um dos *perils of the soul*[8] é, por exemplo, a perda de uma alma, que ocorre

---

8. FRAZER, J.G. *Taboo and the Perils of the Soul* (The Golden Bough, Part II). Londres: [s.e.], 1911, p. 30s. • CRAWLEY, A.E. *The Idea of the Soul*. Londres: [s.e.], 1909, p. 82s. • LÉVY-BRUHL, L. *La mentalité primitive*. Paris: [s.e.], 1922.

quando uma parte volta a ser inconsciente. Um exemplo é o que vemos no estado de *amok*[9], que corresponde ao furor guerreiro (*Berserkertum*) das sagas germânicas[10]. Trata-se de um estado de transe mais ou menos completo, muitas vezes acompanhado de efeitos sociais devastadores. Mesmo uma emoção comum pode causar uma considerável perda de consciência. Por isso é que os primitivos empregam formas refinadas de cortesia: falam em surdina, depõem as armas, arrastam-se pelo chão, curvam a cabeça, mostram a palma das mãos. Nossas próprias formas de cortesia ainda revelam uma atitude "religiosa" em relação a possíveis perigos psíquicos. Ao darmos um "bom-dia", procuramos conciliar de modo mágico as graças do destino. É uma falta de delicadeza conservar a mão esquerda no bolso ou atrás das costas, quando cumprimentamos alguém. Quando se pretende ser particularmente atencioso, cumprimenta-se a pessoa com ambas as mãos. Diante de alguém revestido de grande autoridade inclinamos a cabeça descoberta, ou seja, oferecemos a cabeça desprotegida ao poderoso, para captar suas graças, já que ele poderia ter um súbito acesso de fúria. Às vezes os primitivos chegam a tal grau de excitação em suas danças guerreiras, que chegam a derramar sangue.

A vida do primitivo é acompanhada pela contínua preocupação da possibilidade de perigos psíquicos, e são numerosas as tentativas e procedimentos para reduzir tais riscos. Uma expressão exterior deste fato é a criação de áreas de tabus. Os inumeráveis tabus são áreas psíquicas delimitadas que devem ser religiosamente observadas. Certa vez em que visitava uma tribo das vertentes meridionais do Monte Elgon, cometi um erro terrível. Durante a conversa, quis indagar acerca da casa dos espíritos que muitas vezes encontrara nas florestas, e mencionei a palavra *selelteni*, que significa "espírito". Imediatamente todos se calaram e eu me vi em apuros. Todos desviavam a vista de mim, que pronunciara, em voz alta, uma palavra cuidadosamente evitada, abrindo com isto o caminho para as mais perigosas consequências. Tive que mudar de assunto, a fim de poder continuar a conversa. Eles me garantiram que nunca tinham sonhos, privilégio do chefe da tribo e do curandeiro. Este último logo me confessou que não tinha mais sonhos, pois em seu lugar a tribo tinha agora o comis-

---

9. FENN, G.M. *Running Amok*. Londres: [s.e.], 1901.
10. NINCK, M. *Wodan und germanischer Schicksalsglaube*. Jena: [s.e.], 1935.

sário do distrito. "Depois que os ingleses chegaram ao país, não temos mais sonhos – disse ele –; o comissário sabe tudo a respeito das guerras, das enfermidades, e onde devemos viver". Esta estranha afirmação se deve ao fato de que os sonhos anteriormente constituíam a suprema instância política, sendo a voz de *mungu* (o numinoso, Deus). Por isso seria imprudente para um homem comum deixar surgir a suspeita de que tivesse sonhos.

Os sonhos são a voz do desconhecido, que sempre está ameaçando com novas intrigas, perigos, sacrifícios, guerras e outras coisas molestas. Um negro sonhou, certa vez, que seus inimigos o haviam capturado e queimado vivo. No dia seguinte reuniu os parentes, pedindo-lhes que o queimasse. Estes concordaram, até o ponto de lhe amarrarem os pés e colocá-los no fogo. Naturalmente ele ficou aleijado, mas conseguiu escapar de seus inimigos[11].

Há inúmeros ritos mágicos cuja única finalidade é a defesa contra as tendências imprevistas e perigosas do inconsciente. O estranho fato de que o sonho representa, por um lado, a voz e a mensagem divinas e, por outro, uma inesgotável fonte de tribulações, não perturba o espírito primitivo. Encontramos resquícios deste fato primitivo na psicologia dos profetas judeus[12]. Muitas vezes eles hesitam em escutar a voz que lhes fala. E – é preciso admitir – não era fácil para um homem piedoso como Oseias casar-se com uma mulher pública, para obedecer à ordem do Senhor. Desde os albores da humanidade observa-se uma pronunciada propensão a limitar a irrefreável e arbitrária influência do "sobrenatural", mediante fórmulas e leis. E este processo continuou através da história, sob a forma de uma multiplicação de ritos, instituições e convicções. Nos dois últimos milênios a igreja cristã desempenha uma função mediadora e protetora entre essas influências e o homem. Nos escritos da Idade Média não se nega que em certos casos possa haver uma influência divina nos sonhos, mas não se insiste sobre este ponto, e a Igreja se reserva o direito de decidir, em cada caso, se um sonho constitui ou não uma revelação

---

11. LÉVY-BRUHL, L. *Les fonctions mentales dans les sociétés inférieures*. Op. cit.; e *La mentalité primitive*. Paris: [s.e.], 1935. cap. III, "Les rêves".

12. HÄUSSERMANN, F. *Wortempfang und Symbol in der alttestamentlichen Prophetie*. (Beihefte zur Zeitschrift für die alttestamentliche Wissenschaft, 58), Giessen: [s.e.], 1932.

genuína. Num excelente tratado sobre os sonhos e suas funções diz Benedictus Pererius S. J.: "Com efeito, Deus não está ligado às leis do tempo e não precisa de ocasiões determinadas para agir, pois inspira seus sonhos em qualquer lugar, sempre que quiser e a quem quiser"[13]. A passagem seguinte lança uma luz interessante sobre as relações entre a Igreja e o problema dos sonhos: "Lemos com efeito, na vigésima segunda Colação de Cassiano, que os antigos mestres e guias espirituais dos monges eram versados na investigação e interpretação cuidadosas da origem de certos sonhos"[14]. Pererius classifica os sonhos da seguinte maneira: ... "muitos são naturais, vários são humanos e alguns podem ser divinos"[15]. Os sonhos têm quatro causas: 1) doença física; 2) afeto ou emoção violenta, produzidos pelo amor, pela esperança, pelo medo ou pelo ódio (p. 126ss.); 3) o poder e a astúcia do demônio, isto é, de um deus pagão ou do diabo cristão. "Com efeito, o diabo pode conhecer e comunicar aos homens, em sonhos, os efeitos naturais que decorrerão necessariamente de determinadas causas, assim como tudo aquilo que ele próprio fará em seguida, e ainda certas coisas passadas e futuras desconhecidas pelos homens"[16]. Em relação ao interessante diagnóstico dos sonhos de ori-

---

13. "Deus nempe, instius modi temporum legibus non est alligatus nec temporum eget ad operandum ubicunque enim vult, quandocunque, et quibuscurque vult, sua inspirat somnia..." ("Deus não é constrangido pelas leis do tempo, nem é obrigado a esperar momentos oportunos para atuar; ele inspira sonhos onde quer, quando quer e naqueles que escolhe...") In: PERERIUS, B., S.J. *De magia*. De observatione somniorum et de divinatione astrologica, libri tres. Colônia: [s.e.], 1598, p. 147.

14. "Legimus enin apud Cassianum in Collatione 22. veteres illos monachorum magistros et rectores, in perquirendis, et executiendis quorundam somniorum causis, diligenter esse versatos" ("Podemos ler na 22ª Coleção de Cassiano que os antigos mestres e diretores dos monges eram versados na perquirição e exame das causas de certos sonhos"). Ibid., p. 142.

15. "... multa sunt naturalia, quaedam humana, nonnulla etiam divina" ("... muitos (sonhos) são naturais, alguns de origem humana e alguns podendo mesmo ser divinos"). Ibid., p. 145.

16. "Potest enim daemon naturales effectus ex certis causis aliquando necessario proventuros, potest quaecunque ipsemet postea facturus est, potest tam praesentia, quam praeterita, quae hominibus occulta sunt, cognoscere, et hominibus per somnium indicare" ("Pois o demônio pode conhecer os efeitos naturais que ocorrerão num tempo futuro, a partir de certas causas; pode saber as coisas que ele mesmo está preparando para depois; pode saber as coisas presentes e passadas, que se acham ocultas, e revelá-las em sonhos aos homens"). Ibid., p. 129.

gem diabólica, diz o autor: "... podemos conjeturar acerca de quais são os sonhos sugeridos pelo demônio; em primeiro lugar, os sonhos frequentes que significam coisas futuras ou ocultas, cujo conhecimento nenhuma utilidade traz para a própria pessoa ou para terceiros, só servindo para a ostentação vazia de um saber ocioso, ou para a realização de alguma ação má..."[17]; 4) sonhos enviados por Deus. Relativamente aos sinais que indicam a origem divina de um sonho diz o autor: "... sabemo-lo pelo valor das coisas manifestadas no sonho, ou seja: se, graças a esse sonho, a pessoa fica sabendo de coisas cujo conhecimento só poderia ser alcançado por uma concessão ou dom especial de Deus. Trata-se dos fatos que a teologia das escolas chama de futuros e daqueles segredos do coração encerrados no mais recôndito da alma escapando por completo ao conhecimento humano e, finalmente, dos mistérios supremos de nossa fé, que não podem ser conhecidos senão por revelação do próprio Deus (!!)..." Por último, chega-se ao conhecimento de seu caráter (divino), principalmente por uma iluminação e uma comoção interior mediante a qual Deus aclara a mente do homem e toca a sua vontade de tal modo, que o convence da veracidade e autenticidade de seu próprio sonho; reconhece também Deus como seu autor, com uma certeza e evidência tão grandes, que é obrigado a acreditar, sem a mínima sombra de dúvida"[18]. Como – segundo já indicamos acima – o demônio é capaz de

---

17. "... conjectari potest, quae somnia missa sint a daemone: primo quidem, si frequenter accidant somnia significantia res futuras, aut occultas, quarum cognitio non ad utilitatem, vel ipsius, vel aliorum, sed ad inanem curiosae scientiae ostentationem, vel etiam ad aliquid mali faciendum conferat..." ("... pode-se conjeturar que os sonhos são enviados pelo demônio; primeiro, quando seu significado aponta frequentemente coisas futuras ou ocultas, e cujo conhecimento não apresenta vantagens ou utilidade para a própria pessoa, ou para outros, a não ser o da ostentação de um saber curioso, ou que incite a uma ação má...). Ibid., p. 130.

18. "... ex praestantia rerum, que per somnium significantur: nimirum, si ea per somnium innotescant homini, quorum certa cognitio, solius. Dei concessu ac munere potest homini contingere, hujusmodi sunt, quae vocantur in scholis Theologorum futura contingentia, arcana item cordium, quaeque intimis animorum inclusa recessibus, ab omni penitus mortalium intelligentia obliterscunt, denique praecipua fidei et auctoritate eius somnii certiorem facit, ut Deum esse ipsius auctorem, ita perspicue agnoscat, et liquido iudicet, ut sine dubitatione ulla credere, et vellit, et debeat" ("... da importância das coisas reveladas pelo sonho; especialmente se, no sonho, esses conhecimentos são revelados a uma pessoa por concessão e graças de Deus; na escola dos teólogos, tais coisas são chamadas de acontecimentos contingentes e futuros, segredos do cora-

produzir sonhos com predições exatas sobre acontecimentos futuros, o autor acrescenta uma citação de Gregorius: "Os santos distinguem entre as ilusões e as revelações, entre as vozes e as imagens mesmas das visões, em virtude de um sentimento afetivo (gosto) interior, conhecendo o que lhes vem da parte do bom espírito e o que provém do espírito enganador. De fato, se a mente humana não estivesse prevenida contra esta última tentação, seria envolvida em muitos absurdos pelo espírito enganador; este, algumas vezes, costuma predizer muitas coisas verdadeiras, unicamente com a finalidade de poder, ao fim de tudo, fazer a alma cair nalgum engano"[19]. Diante de tal incerteza, um fato que parecia oferecer uma garantia positiva era o de ver se os sonhos se ocupavam dos "principais mistérios de nossa fé". Atanásio, em sua biografia de Santo Antônio, nos mostra como os demônios são hábeis em predizer acontecimentos futuros[20]. Segundo este mesmo autor, os demônios aparecem algumas vezes até mesmo sob a forma de monges, salmodiando, lendo a Bíblia em voz alta e fazendo comentários perturbadores sobre a conduta moral dos irmãos[21]. Pererius, entretanto, parece confiar em seu critério, e acrescenta: "Da mesma forma que a luz natural da razão faz-nos perceber, com evidência, a verdade dos primeiros princípios, admitindo-as imediatamente,

---

ção totalmente inacessíveis à compreensão humana; e enfim, os mais altos mistérios da nossa fé, que homem algum conhece a não ser que o próprio Deus lhe comunique!!)... Isto é especialmente manifesto por uma certa iluminação que move a alma, pelo que Deus também ilumina a mente, agindo sobre a vontade e assegurando assim ao sonhador a credibilidade e autoridade desse sonho, de modo que ele reconhece claramente e julga com certeza ser Deus seu autor, e então não só lhe dá crédito, como deve fazê-lo sem sombra de dúvida"). Ibid., p. 131s.

19. "Sancti viri inter illusiones, atque revelationes, ipsas visionum voces et imagines, quondam intimo sapore discernunt, ut sciant quid a bono spiritu percipiant, et quid ab illusore patiantur. Nam si erga haec mens hominis cauta non esset, per deceptorem spiritum, multis se vanitatibus immergeret, qui nonnunquam solet multa vera praedicere, ut ad extremum valeat animam ex una alique falsitate laqueare" ("Os homens santos distinguem as ilusões das revelações, as palavras e imagens verdadeiras das visões, por um tipo de sensibilidade interior, de maneira que sabem o que recebem do bom espírito e o que devem suportar do impostor. Portanto, se a mente humana não for cautelosa no tocante a isto, poderá submergir em muitas vaidades por causa do espírito enganador, o qual prediz às vezes coisas verdadeiras a fim de armar o laço e prevalecer a partir de uma determinada falsidade"). *Dialogorum Libri IV*, cap. 48. In: PERERIUS. Op. cit., p. 132, cf. tb. MIGNE, J.P. *Patr. lat.*, 77, col. 412.

20. Cf. BUDGE, E.A.W. *The Book of Paradise*. 2 vols. Londres: [s.e], 1904, I, p. 37s.

21. Ibid., p. 33s. e p. 47.

sem qualquer discussão, assim também a luz divina ilumina nossa mente durante os sonhos provocados por Deus, fazendo-nos ver com clareza que estes sonhos são verdadeiros e provêm de Deus; e neles acreditamos com toda a certeza"[22]. Pererius não aborda a perigosa questão de saber se toda convicção firme, proveniente de um sonho, comprova, de forma necessária, a origem divina desse sonho. Ele apenas considera como evidente que semelhante sonho tenha naturalmente um caráter que corresponda aos "mistérios mais importantes de nossa fé" e não, casualmente, aos de outra fé. O humanista Casper Peucer pronuncia-se, a este respeito, de modo muito mais preciso e restrito. Diz ele: "Os sonhos de origem divina são aqueles que, segundo o testemunho das Sagradas Escrituras, foram concedidos, não a qualquer um e de maneira casual, nem àqueles que andam à procura de revelações particulares e de caráter pessoal, segundo suas opiniões, mas somente aos santos pais e profetas, em conformidade com o julgamento e a vontade de Deus; além do mais, tais sonhos não tratam de coisas sem importância, superficiais e momentâneas, mas falam-nos de Cristo, do governo da Igreja, dos impérios e de outros fatos maravilhosos da mesma natureza. Deus sempre faz com que tais sonhos sejam acompanhados de provas seguras, como o dom da (correta) interpretação e outros, de modo que fique bem patente o fato de não serem arbitrários ou oriundos da simples natureza, mas realmente inspirados por Deus[23]. Seu criptocalvinismo mani-

---

22. Quemadmodum igitur naturale mentis nostrae lumen facit nos evidenter cernere veritatem primorum principiorum, eamque statim citra ullam argumentationarn, assensu nostro complecti: sic enim somniis a Deo datis, Iumen divinum animis nostris affulgens, perficit, ut ea somnia, et vera et divina esse intelligamus, certoque credamus" ("Por conseguinte, a luz natural da nossa mente capacita-nos a distinguir com clareza a verdade dos primeiros princípios, de modo que eles são aprendidos imediatamente por nosso consentimento e sem outras argumentações; assim, pois, nos sonhos enviados por Deus, a luz divina, brilhando em nossas almas, permite que compreendamos e acreditemos com certeza que tais sonhos são verdadeiros e enviados por Deus").

23. "Divina somnia sunt, que divinitus immissa sacrae literae affirmant, non quibusvis promiscue, nec captantibus aut expectantibus peculiares ἀποχαλύψεις sua opinione: sed sanctis Patribus et Prophetis Dei arbítrio et voluntate nec de levibus negociis, aut rebus nugacibus et momentaneis, sed de Christo, de gubernatione Ecclesiae, de imperiis, et eorundem ordine, de aliis mirandis eventibus: et certa his semper addidit Deus testimonia, ut donum interpretationis et alia, quo constaret non temere ea objici neque ex natura nasci, sede inseri divinitus" ("São de Deus os sonhos que a Sagrada Escritura afirma serem enviados do alto, não promiscuamente a todos, nem àqueles que se em-

festa-se de modo palpável em suas palavras, sobretudo se as compararmos com a *Theologia naturalis* de seus contemporâneos católicos. É provável que sua alusão a "revelações" se refira a certas inovações heréticas da época. Pelo menos é isto o que ele diz no parágrafo seguinte, onde trata dos *somnia diabolici generis* (sonhos de caráter diabólico): "... e tudo o mais que o diabo revelou em nossos dias aos anabatistas, aos delirantes e fanáticos de todas as épocas"[24]. Com mais perspicácia e compreensão humana, Pererius consagra um capítulo ao problema: "É lícito ao cristão observar os sonhos"? (*An licitum sit christiano homini, observare somnia?*), e um outro capítulo à questão: "A quem compete interpretar corretamente os sonhos?" (*Cujus hominis sit rite interpretari somnia?*) No primeiro capítulo chega à conclusão de que se deveria levar em consideração os sonhos importantes. Citemos suas próprias palavras: "É próprio de um espírito religioso, prudente, solícito e preocupado com a própria salvação e não de um espírito supersticioso, indagar, por um lado, se os sonhos que nos ocorrem frequentemente, instigando-nos a cometer o mal, não são sugeridos pelo demônio e, por outro, considerar se os sonhos que nos estimulam e nos incitam a praticar o bem, como, por exemplo, abraçar o celibato, distribuir esmolas e entrar para a vida religiosa, não são inspirados por Deus"[25]. Somente pessoas tolas prestam atenção aos outros sonhos fúteis. No segundo capítulo, ele

---

penham em captar revelações segundo o seu desejo, mas aos santos patriarcas e profetas, pela vontade e desígnio de Deus. (Tais sonhos) não se referem a coisas levianas ou bagatelas, ou a coisas efêmeras, mas a Cristo, ao Império da Igreja, à ordem e outros assuntos importantes; e a estes, Deus acrescenta sempre testemunhos seguros, tais como o dom da interpretação e outras coisas, pelo que eles não são passíveis de objeção, nem possuem uma origem natural, sendo de inspiração divina"). *Commentarius de Praecipuis Generibus Divinationum*, 1560, p. 270.

24. "... quaeque nunc Anabaptistis et omni tempore Enthusiastis et similibus exhibet". ("... e que agora o tempo mostra aos anabatistas, entusiastas e fanáticos").

25. "Denique somnia, quae nos saepe commovent, et incitant ad flagitia, considerare num a daemone nobis subjiciantur, sicut contra, quibus ad bona provocamur et instigamur, veluti ad caelibatum, largitionem eleemosynarum et ingressum in religionem, ea ponderari num a Deo nobis missa sint, non est superstitiosi animi, sed religiosi, prudentis, ac salutis suae satagentis, atque solliciti" ("Finalmente, considerar se os sonhos, que às vezes nos perturbam e nos incitam ao mal, são motivados pelo demônio e, por outro lado, ponderar se aqueles mediante os quais somos elevados e incitados ao bem, como, por exemplo, ao celibato, à caridade, à entrada numa ordem religiosa, nos são enviados por Deus, (tudo isso) é determinado, não por uma mente supersticiosa, mas uma mente religiosa, prudente, cuidadosa e solícita em relação à sua salvação"). Ibid., p. 143.

adverte que ninguém deve interpretar os sonhos, *nisi divinitus afflatus et eruditus* (a não ser inspirado e instruído por Deus). *Nemo* – acrescenta ele – *novit quae Dei sunt nisi spiritus Dei*[26]. Esta afirmação, muito acertada em si mesma, reserva a arte da interpretação dos sonhos às pessoas dotadas, *ex officio,* com o *donum spiritus sancti.* É evidente, porém, que um autor jesuíta não poderia pensar num *descensus spiritus sancti extra ecclesiam.* Apesar de admitir que certos sonhos provêm de Deus, a Igreja não está disposta a tratá-los com seriedade e até mesmo se pronuncia expressamente contra eles, embora reconheça que alguns possam conter uma revelação imediata. Por isso, a Igreja não vê com bons olhos a mudança de atitude espiritual que se verificou nos últimos séculos – pelo menos no que se refere a este ponto –; porque essa mudança debilitou demais a posição introspectiva anterior, favorável a uma consideração séria dos sonhos e às experiências interiores.

O protestantismo, que derrubou alguns dos muros cuidadosamente erigidos pela Igreja, não tardou a sentir os efeitos destruidores e cismáticos da revelação individual. Quando caiu a barreira dogmática e o rito perdeu a autoridade de sua eficácia, o homem precisou confrontar uma experiência interior sem o amparo e o guia de um dogma e de um culto, que são a quintessência incomparável da experiência religiosa, tanto cristã como pagã. O protestantismo perdeu, quanto ao essencial, todos os matizes mais sutis do cristianismo tradicional: a missa, a confissão, grande parte da liturgia e a função do sacerdote como representante hierárquico de Deus.

Devo advertir que esta última afirmação não constitui um julgamento de valor, e nem pretende sê-lo. Restrinjo-me a assinalar fatos. Em compensação, porém, com a perda da autoridade da Igreja, o protestantismo reforçou a autoridade da Bíblia. Mas, como nos mostra a história, certas passagens bíblicas podem ser interpretadas de maneiras diferentes; além disso, a crítica literária revelou-se muito pouco apta para fortalecer a fé no caráter divino das Escrituras Sagradas. Também é um dado de fato que, pela influência da chamada ilustração científica, grande massa de pessoas cultas afastou-se da Igreja ou se tornou totalmente indiferente a ela. Se se tratasse apenas de racionalistas empe-

---

26. Ibid., p. 146; cf. 1Cor 2,11.

dernidos ou de intelectuais neuróticos, ainda se poderia suportar a perda. Mas muitos deles são homens religiosos, embora incapazes de se harmonizar com as formas de fé existentes. Se assim não fosse, dificilmente poder-se-ia explicar a influência notável do grupo de Buchman[26a] sobre círculos mais ou menos cultos do protestantismo. O católico que volta as costas à sua Igreja, em geral, alimenta uma inclinação secreta ou manifesta para o ateísmo, ao passo que o protestante, quando possível, adere a um movimento sectário. O absolutismo da Igreja Católica parece exigir uma negação igualmente absoluta, enquanto que o relativismo protestante permite variantes.

Talvez alguém pense que eu me demorei tanto em torno da história do cristianismo, só para explicar o preconceito contra os sonhos e contra a experiência individual. Mas o que acabo de dizer poderia ter sido uma parte de minha entrevista com o paciente do carcinoma. Disse-lhe eu que seria melhor tomar a sério sua obsessão do que afrontá-la como um disparate patológico. Mas tomá-la a sério significaria reconhecê-la como uma espécie de diagnóstico: o de que numa psique realmente existente ocorrerá um transtorno sob a forma de um tumor canceroso. "Mas – perguntar-se-ão – em que consiste esse tumor?" Ao que eu respondo: "Não sei", porque realmente não o sei. Embora – como já disse antes – se trate indubitavelmente de uma formação inconsciente compensatória ou completamentar, nada se sabe ainda de sua natureza específica ou de seu conteúdo. É uma manifestação espontânea do inconsciente, em cuja base se acham conteúdos que não são encontrados na consciência.

Nesta altura meu paciente sente uma aguda curiosidade de saber como conseguirei detectar os conteúdos que constituem a raiz de sua ideia obsessiva. Então, com o risco de desconcertá-lo digo que seus sonhos nos fornecerão todas as informações necessárias. Teremos de considerá-los como se proviessem de uma fonte inteligente, como que pessoal, orientada para determinados fins. Isto, evidentemente, é uma

---

26a. O autor se refere ao movimento fundado pelo americano Frank Nathan Daniel Buchman, na década de 1920, na Inglaterra, conhecido inicialmente como o *Grupo de Oxford*, e a partir de 1938 denominado *Rearmamento moral;* tal movimento esteve em voga na época da chamada *Guerra Fria* [N.T.].

hipótese ousada e ao mesmo tempo uma aventura, pois depositamos desta forma uma confiança extraordinária numa entidade em que não se pode confiar muito, entidade cuja existência real continua a ser negada por não poucos psicólogos e filósofos contemporâneos. Um conhecido homem de ciências a quem eu havia explicado meu modo de proceder, fez a seguinte observação, muito característica: "Tudo isto é muito interessante, mas perigoso". Sim, eu admito, é perigoso, tanto quanto uma neurose. Quando se deseja curar uma neurose, deve-se correr algum risco. Fazer algo sem risco algum é completamente ineficaz, como bem o sabemos. A operação cirúrgica de um carcinoma representa um risco, e no entanto deve ser feita. Com a preocupação de ser melhor compreendido, muitas vezes tentei aconselhar meus pacientes a imaginarem a psique como uma espécie de *subtle body* (corpo sutil), em cujo seio poderiam crescer tumores de matéria muito tênue. Tão forte é a crença preconcebida de que a psique é inimaginável, sendo por conseguinte menos do que o ar, ou então consistindo num sistema mais ou menos intelectual de conceitos lógicos, que as pessoas dão por inexistentes certos conteúdos se não tiverem consciência deles. Não se tem fé, nem confiança na exatidão de um funcionamento psíquico fora da consciência, e consideram-se os sonhos simplesmente como algo ridículo. Em tais circunstâncias, minha proposta desperta as piores suspeitas. De fato, tenho ouvido todas as objeções que se possa imaginar contra os vagos esquemas dos sonhos.

Entretanto, encontramos nos sonhos, antes de uma análise mais profunda, os mesmos conflitos e complexos cuja existência pode ser detectada pela experiência das associações. Além disso, estes complexos constituem uma parte integrante da neurose existente. Por isso, temos razões suficientes para supor que os sonhos podem oferecer-nos pelo menos tantos esclarecimentos sobre o conteúdo de uma neurose quanto a experiência das associações. Na realidade, oferecem muito mais. O sintoma é como que o broto que surge na superfície da terra, mas a planta mesma se assemelha a um extenso rizoma subterrâneo (raizame). Este rizoma é o conteúdo da neurose, a terra nutriz dos complexos, dos sintomas e dos sonhos. Temos boas razões, inclusive, para supor que os sonhos refletem com fidelidade os processos subterrâneos da psique. E se conseguirmos penetrar no rizoma, teremos alcançado, literalmente, a "raiz" da enfermidade.

38   Como não é meu intento chegar aos pormenores da psicopatologia da neurose, tomarei como exemplo outro caso, para mostrar o modo pelo qual os sonhos revelam fatos desconhecidos da psique, e em que consistem tais fatos. O homem a cujos sonhos me refiro é também um intelectual de notável capacidade. Neurótico, procurou minha ajuda, sentindo que sua neurose havia rompido seu equilíbrio interior e lenta, mas seguramente ia solapando sua moral. Felizmente sua capacidade intelectual ainda estava intacta e ele dispunha livremente de sua aguda inteligência. Por isso, encarreguei-o de observar e anotar seus próprios sonhos. Não os analisei, nem expliquei. Só muito mais tarde abordamos sua análise, de modo que, dos sonhos que relatarei a seguir, não lhe foi dada nenhuma interpretação. Constituem uma sucessão natural de fatos alheios a qualquer influência estranha. O paciente nada lera sobre psicologia, e muito menos sobre psicologia analítica.

39   A série se compõe de mais de quatrocentos sonhos; portanto, não posso abarcar todo o material recolhido. Mas publiquei uma seleção de quarenta e sete destes sonhos, que oferece temas de inusitado interesse religioso[27]. Devo acrescentar, no entanto, que o homem de cujos sonhos nos ocupamos recebera uma educação católica, mas não praticava nem se interessava por problemas religiosos. Pertencia àquele grupo de intelectuais ou cientistas que se mostrariam espantados, se lhes atribuíssemos ideias religiosas de qualquer espécie. Se sustentarmos o ponto de vista segundo o qual o inconsciente possui uma existência psíquica independente da consciência, este caso a que nos referimos poderia ser de interesse muito particular, desde que nosso conceito acerca do caráter religioso de certos sonhos não seja falso. E se atribuirmos importância à consciência, sem conferir uma existência psíquica autônoma ao inconsciente, será interessante indagar se o sonho extrai ou não seu material de conteúdos conscientes. Se o resultado da investigação favorecer a hipótese do inconsciente, os sonhos deverão ser tidos como possíveis fontes de informação das tendências religiosas do inconsciente.

---

27. JUNG, C.G. Traumsymbole des Individuationsprozesses. In: JUNG, C.G. *Psychologie und Alchemie*. 2ª parte. [s.l.]: [s.e.], 1944 [OC, 12]. Os sonhos mencionados na presente obra são estudados nesse livro sob um ponto de vista diverso. Como os sonhos têm muitos aspectos, podem ser analisados sob diferentes ângulos.

Não se pode esperar que os sonhos falem explicitamente de religião, na forma pela qual estamos acostumados a fazê-lo. Mas entre os quatrocentos sonhos existem dois que, *evidentemente*, tratam de religião. Reproduzirei agora o texto de um sonho registrado pelo próprio sonhador.

"Todas as casas têm alguma coisa que lembra um palco, algo de teatro. Apresentam bastidores e decorações. Ouve-se alguém pronunciar o nome de Bernard Shaw. A peça se desenvolverá num futuro distante. Num dos bastidores estão escritos em inglês e alemão as seguintes palavras:

"Esta é a Igreja Católica universal.

Ela é a Igreja do Senhor.

Queiram entrar todos os que se sentem instrumentos do Senhor".

Abaixo, está escrito em caracteres menores: "A Igreja foi fundada por Jesus e por Paulo" – como que para recomendar a antiguidade de uma firma. Eu disse a meu amigo: "Venha, vamos ver do que se trata". Ele respondeu: "Não entendo por que tantas pessoas precisam reunir-se quando têm sentimentos religiosos". Ao que eu replico: "Como protestante, você jamais compreenderá isso". Uma mulher concorda vivamente comigo. Vejo uma espécie de proclamação na parede, cujo conteúdo é o seguinte: "Soldados!

Quando sentirdes que estais em poder do Senhor, evitai dirigir-lhe diretamente a palavra. O Senhor é inacessível às palavras. Além disso, recomendamo-vos, encarecidamente, que não discutais entre vós a respeito dos atributos do Senhor, porque as coisas preciosas e importantes são inexprimíveis".

Assinado: Papa... (nome ilegível).

Entramos. O interior da Igreja parece o de uma mesquita, sobretudo o de Santa Sofia. Não se veem bancos. O recinto, como tal, produz belo efeito. Não há imagens. Na parede, a modo de ornamentação há sentenças emolduradas (como há os provérbios do Corão). Um desses provérbios diz o seguinte: 'Não adulei os vossos benfeitores'. A mulher que antes havia concordado comigo, prorrompe em prantos e exclama: 'Então já nada mais resta'. Respondo-lhe: 'Tudo isto me parece muito certo', mas ela desaparece. Primeiramente me vejo diante de uma das pilastras, de tal modo que nada consigo enxergar. Troco então de lugar e percebo que há diante de mim uma multidão. Não faço parte dela e me sinto só. Mas todos estão diante de mim e vejo seus rostos. Dizem em uníssono: 'Confessamos estar em poder do Senhor. O Reino dos Céus está dentro de nós'. Dizem isto três vezes, com grande solenidade. Depois, ouve-se o órgão tocando uma fuga de Bach, com acompanhamento de coro. Mas o texto original foi suprimido. Às vezes ouve-se apenas uma espécie de trinado e logo, em seguida, ouve-se diversas vezes as seguintes palavras: 'O resto é papel' (significando: não atua como vida sobre mim). Terminado o coro, começa de um modo estudantil, por assim dizer, a parte íntima da reunião. Todos os participantes são alegres e equilibrados. Passeiam, falam uns com os outros, saúdam-se, serve-se vinho (de um seminário episcopal destinado à formação de padres) e refrescos. Deseja-se o florescimento da Igreja e, como que para exprimir a alegria pelo aumento de participantes na festa, um altofalante transmite uma canção da moda, com o seguinte estribilho: 'Agora Carlos é também dos nossos'. Um padre me explica: 'Estas diversões de segunda ordem foram aprovadas e permitidas oficialmente. Temos que adaptar-nos um pouco aos métodos americanos. Numa organização de massa, como a nossa, isto é inevitável. Distinguimo-nos fundamentalmente das igrejas americanas por uma orientação nitidamente antiascética'. Em seguida despertei. Sensação de grande alívio".

Como se sabe, existem inúmeras obras sobre a fenomenologia dos sonhos, mas são muito poucas as que tratam da sua psicologia. E isto, certamente, pela razão manifesta de que uma interpretação psicológica dos sonhos constitui uma empresa sumamente delicada e arriscada. Freud fez um esforço heroico para esclarecer as obscuridades da psicologia dos sonhos, servindo-se de critérios que ele extraíra do campo da psicologia[28]. Embora admire seu arrojo, não posso concordar com seus métodos e com suas conclusões. Na sua opinião, os so-

---

28. FREUD, S. *Die Traumdeutung*. Ges. Schriften. Vol. II. Viena: [s.e.], 1925. • Herbert Silberer, em: *Der Traum*. Stuttgart: [s.e.], 1919, desenvolve um ponto de vista cauteloso e equilibrado. A respeito da diferença entre as concepções de Freud e as minhas, remeto o leitor ao meu breve ensaio sobre este tema: Der Gegensatz Freud-Jung, publicado em: *Seelenprobleme der Gegenwart*. Material adicional, em: *Uber die Psychologie des Unbewussten*, p. 91s. OC, 7, § 12s. (*Psicologia do inconsciente*). Cf. tb.: KRANEFELDT, W.M. *Die Psychoanalyse*. 1930. • ADLER, G. *Entdeckung der Seele*. – Von Sigmund Freud und Alfred Adler zu C.G. Jung. Zurique: [s.e.], 1934. • WOLFF, T. Einführung in die Grundlagen der Komplexen Psychologie. *Die kulturelle Bedeutung der Komplexen Psychologie*. Zurique: Rhein, 1959.

nhos nada mais são do que uma fachada, por trás da qual algo se esconde, deliberadamente. Não há dúvida de que os neuróticos ocultam coisas desagradáveis, talvez da mesma forma que as pessoas normais. Mas resta saber se tal categoria é aplicável a um fenômeno tão normal e universalmente difundido como os sonhos. Duvido de que possa supor que um sonho seja algo diferente daquilo que realmente parece ser. Inclino-me a recorrer a uma outra autoridade, a judaica, expressa no Talmud; segundo ela, o sonho é sua própria interpretação. Em outras palavras: *eu tomo o sonho tal como é*. O sonho constitui matéria tão difícil e complicada, que de modo algum me atrevo a conjeturar sobre uma possível tendência a enganar, que lhe seja inerente. O sonho é um fenômeno natural e não há nenhuma razão evidente para considerá-lo um engenhoso estratagema destinado a enganar-nos. Ele sugere quando a consciência e a vontade se acham debilitadas. Parece um produto natural, que se pode encontrar também em pessoas não neuróticas. Além disso, tão reduzido é o nosso conhecimento a respeito da psicologia do processo onírico, que convém proceder com muita cautela para não introduzirmos em nosso trabalho de interpretação elementos estranhos ao próprio sonho.

Por todas estas razões creio que o sonho de que nos ocupamos trata de religião. Coerente e bem formado, dá a impressão de possuir uma certa lógica e uma finalidade, isto é, parece fundamentar uma motivação dotada de sentido, diretamente expressa no conteúdo do sonho.

A primeira parte do sonho é uma séria argumentação em favor da Igreja Católica. O sonhador rejeita um certo ponto de vista protestante, segundo o qual a religião constitui apenas uma experiência íntima individual. A segunda parte, bem mais grotesca, representa a adaptação da Igreja a um ponto de vista decididamente mundano, sendo o final uma argumentação em favor de uma tendência antiascética que a Igreja real jamais apoiaria. Mas no sonho do paciente o sacerdote antiascético converte tal tendência em princípio. A espiritualização e a sublimação são conceitos essencialmente cristãos, e toda insistência oposta a isso equivaleria a um paganismo sacrílego. O cristianismo nunca foi mundano e jamais cultivou uma política de boa vizinhança com o bem comer e beber, e a introdução da música de *jazz* no culto dificilmente constituiria uma inovação recomendável. As pessoas "alegres e equilibradas" que, de um modo mais ou menos epicurista, passeiam para lá e para cá, conversando descontraidamente, lembram-nos um ideal filosófico antigo, ao qual se opõe o cristianismo contemporâneo. Tanto na primeira como na segunda parte do sonho é acentuada a importância das massas, isto é, das multidões.

Assim, a Igreja Católica, embora vivamente recomendada, é equiparada a uma concepção pagã, incompatível com uma atitude fundamentalmente cristã. O antagonismo efetivo não transparece no sonho. Acha-se velado pelo ambiente íntimo e agradável, onde os contrastes perigosos se confundem e se apagam. A concepção protestante de uma relação individual com Deus se acha reprimida pela organização de massas e um sentimento religioso coletivo que lhe corresponde. A importância atribuída às massas e a introdução de um ideal pagão oferecem uma estranha semelhança com fatos da Europa de nossos dias. Todos nós fomos surpreendidos por certas tendências paganizantes da Alemanha contemporânea, pois ninguém fora capaz de interpretar a íntima experiência dionisíaca de Nietzsche. Nietzsche não foi senão um dos casos entre milhares e milhões de alemães – que na época ainda não haviam nascido – em cujo inconsciente se desenvolveu, no decurso da Primeira Guerra Mundial, o primo germânico de Dioniso: Wotan[29]. Nos sonhos dos alemães que tratei naquela época pude ver, com clareza, o surto da revolução de Wotan, e em 1918 publiquei um trabalho no qual assinalava o caráter insólito do novo desenvolvimento que se deveria esperar na Alemanha[30]. Aqueles alemães não eram, de modo algum, pessoas que haviam lido *Assim falava Zaratustra*, e seguramente os jovens que celebravam sacrifícios pagãos de cordeiros, ignoravam as experiências de Nietzsche[31]. Por isso, deram a seu deus o nome de Wotan e não o de Dioniso. Na biografia de

---

29. Cf. a relação de Odin como deus dos poetas, dos visionários e dos entusiastas delirantes, e de Mimir, o sábio, corresponde à relação de Dionisos e Sileno. A palavra "Odin" tem uma ligação, em sua raiz, com o gálico οὐατεις, o irlandês "faith", o latim "vates", à semelhança de μάντις, e de μαίνομαι. NINCK, M. *Wodan und germanischer Schicksalsglaube*. Jena: [s.e.], 1935, p. 30s.

30. JUNG, C.G. Über das Unbewusste. "Schweizerland". Fasc. IV. [s.l.]: [s.e.], 1918 [OC, 10].

31. Cf. meu artigo Wotan em: *Aufstätze zur Zeitgeschichte*, 1946. As figuras paralelas de Wotan na obra de Nietzsche encontram-se no poema de 1863-1864, "Dem unbekannten Gott", reproduzido em: FOERSTER-NIETZSCHE, E. *Der werdende Nietzsche*. Munique: [s.e.], 1924, p. 239. • Em *Also sprach Zarathustra*, p. 366, 143 e 200 (cf. *Nietzsches Werke*, 1901, vol. 6). • E, por fim, no *Sonho de Wotan* de 1859; cf. em FOERSTER-NIETZSCHE, E. Op. cit., p. 84s.

Nietzsche encontramos testemunhos irrefutáveis de que o deus ao qual ele se referia, originariamente, era na realidade Wotan; mas como filósofo clássico dos anos 1870 e 1880 do século XIX, denominou-o Dioniso. Confrontados entre si, ambos os deuses apresentam muitos pontos em comum.

No sonho do meu paciente não há, ao que parece, nenhuma oposição ao sentimento coletivo, à religião das massas e ao paganismo, com exceção do amigo protestante, que logo silencia. Só um aspecto insólito desperta a nossa atenção: a mulher desconhecida que primeiro apoia o elogio ao catolicismo e, em seguida, prorrompe, subitamente, em lágrimas, dizendo: "Então já nada mais resta". E logo desaparece, para não mais voltar.

Quem é essa mulher? Para o nosso paciente, é uma pessoa indeterminada e desconhecida, mas quando teve este sonho, já a conhecia muito bem como "a mulher desconhecida" que frequentemente lhe aparecera em outros sonhos.

Como esta figura desempenha um importante papel nos sonhos das pessoas do sexo masculino, eu a designo pelo termo técnico de *anima*[32] tendo em vista que, desde tempos imemoriais, o homem, nos mitos, sempre exprimiu a ideia da coexistência do masculino e do feminino num só corpo. Tais intuições psicológicas se acham projetadas de modo geral na forma da *sízígia* divina, o par divino, ou na ideia da natureza andrógina do Criador[33]. No fim do século XIX Edward Maitland, biógrafo de Anna Kingsford, relata-nos uma experiência interior da bissexualidade da divindade[34]. Existe, além disso, a filosofia hermética com seu andrógino, o homem interior hermafrodita[35],

---

32. Cf. *Die Beziehung zwischen dem Ich und dem Unbewussten*. 6. ed. [s.l.]: [s.e.],1963 [OC, 7; p. 117s., § 296]; cf. tb. *Psychologische Typen*. [s.l.]: [s.e.], 1921 [OC, 6], onde são apresentadas definições de *alma* (Seele) e de *imagem da alma* (Seelenbild); *Über die Archetypen des kollektiven Unbewussten; Über dem Archetypus mit besonderer Berücksichtigung des Anirnabegriffes*; em: *Von den Wurzeln des Bewusstseins*, 1954.
33. Cf. *Über den Anchetypus mit besonderer Berücksichtigung des Animabegriffes*.
34. MAITLAND, E. *Anna Kingsford, Her Life, Diary and Work*. 1896, p. 129s.
35. A afirmação acerca da natureza hermafrodita da divindade no *Corpus Hermeticum*, Lib. I (SCOTT, W (org.). *Hermética*. I, p. 118: (ὁ δε νοῦς ὁ πρῶτος ἀρρενόθηλυς ὤν) provavelmente foi tomada de Platão: *Banquete XIV*. Não se tem certeza se as representações medievais posteriores do hermafrodita provêm de *Poimandres (Corpus Hermeti-*

o *homo Adamicus* (o homem adâmico), que "embora se apresente sob forma masculina, traz Eva, isto é, a mulher, escondida em seu próprio corpo, segundo o que se lê num comentário medieval do *Tractatus Aureus*[36].

---

cum, Lib. I), pois no Ocidente essa figura era quase desconhecida até que Marsílio Ficino, no ano de 1471, publicou o *Poimandres*. Existe, contudo, a possibilidade de que algum homem de ciência daquela época, que sabia o grego, tenha recolhido a ideia de um dos *Codices Graeci* então existentes, como, por exemplo, o *Codex Laurentianus*, 71, 33, o *Parisinus Graecus*, 1220, o *Vaticanus Graecus*, 237 e 951, todos do século XIV. Não há códigos mais antigos. A primeira tradução latina, da autoria de Marsílio Ficino, produziu um efeito sensacional. Mas antes desta data encontramos os símbolos hermafroditas do *Codex Germanicus Monacensis*, 598, de 1417. Parece-me mais provável que o símbolo hermafrodita provém de manuscritos árabes ou sírios, traduzidos no século XI ou XII. No antigo *Tractatulus Avicennae* latino, fortemente influenciado pela tradição árabe, lemos o seguinte: "(Elixir) Ipsum est serpens luxurians, se ipsum impraegnans" (o elixir é a serpente da luxúria que engravida a si mesma); cf. em: *Artis Auriferae*, 1593, I, p. 406. Embora se trate de um PSEUDO AVICENA e não do autêntico IBN SINA (970-1037), pertence às fontes árabes-latinas da literatura hermética medieval. Encontramos a mesma passagem no tratado *Rosinus ad Sarratantam (Artis Auriferae*, I, 1593, p. 309): "Et ipsum est serpens seipsum luxurians, seipsum impraegnans" etc. "Rosinus" é uma corruptela de "Zosimos", o filósofo neoplatônico grego do século III. Seu tratado *Ad Sarratantam* pertence ao mesmo gênero literário, e como a história desse texto mantém-se na obscuridade, não se pode dizer por enquanto quem copiou de quem. A *Turba Philosophorum*, Sermão LXV, texto latino de origem árabe, traz também a seguinte alusão: "compositum germinat se ipsum (O composto gera a si mesmo); cf. em: RUSKA, J. *Turba Philosophorum*, 1931, p. 165. Pelo que pude verificar, o primeiro texto que seguramente menciona o hermafrodita é o *Liber de Arte Chimica incerti autoris*, do século XVI (em: *Artis Auriferae*, I, p. 575s.). O texto se acha na p. 610: "Is vero mercurius est omnia metalla, masculus et foemina et monstrum Hermaphroditum in ipso animae, et corporis matrimônio" (Este Mercúrio, entretanto, é constituído de todos os metais e é, ao mesmo tempo, masculino e feminino e monstro hermafrodita na própria união do corpo com a alma). Da literatura posterior menciono apenas REUSNER, H. *Pandora*, 1588; Splendor Solis, em *Aureum Vellus*, 1598; MAJER, M. *Symbola aureae mensae*, 1617; e *Atalanta Fugiens*, 1618; MYLIUS, J.D. *Philosophia Reformata*, 1622.

36. O *Tractatus Aureus Hermetis* é de origem árabe e não pertence ao *Corpus Hervieticum*. Desconhecemos sua história (foi impresso pela primeira vez em 1566). Domingus Gnosius escreveu um comentário do texto, em: *Hermetis Trimegisti Tractatus vere Aureus de Lapidis Philosophi Secreto*, 1610. Ele diz. (p. 101): "Quem admodum in sole ambulantis corpus continuo sequitur umbra... sic hermaphroditus noster Adamicus, quamvis in forma masculi appareat, semper tamen in corpore occultatam Evam sive foeminam suam secum circumfert" (Do mesmo modo que a sombra sempre acompanha o corpo de quem anda à luz do sol..., assim também o nosso hermafrodita adâmico traz sempre Eva, isto é, sua mulher, escondida em seu corpo, embora sua aparência seja masculina). Este comentário, juntamente com o texto, se encontra reproduzido em MANGETUS, J.J. *Bibliotheca chemica curiosa*, 1702, I, p. 401s.

Talvez a *anima* seja uma representação da minoria dos genes femininos presentes no corpo masculino. Isto é tanto mais verossímil, porquanto esta figura não se encontra no mundo das imagens do inconsciente feminino. Há neste, porém, uma figura equivalente e que desempenha um papel de igual valor: não é a figura de uma mulher, mas a de um homem. A esta figura masculina presente na psicologia da mulher dei o nome de *animus*[37]. Uma das exteriorizações mais características das duas figuras é aquilo que, há muito tempo, se costuma chamar de "animosidade". A *anima* é causadora de caprichos ilógicos, ao passo que o *animus* suscita lugares comuns irritantes e opiniões insensatas. Ambas as figuras surgem frequentemente nos sonhos. De modo geral, personificam o inconsciente, conferindo-lhe um caráter particularmente desagradável e irritante. O próprio inconsciente não possui tais propriedades negativas; elas se manifestam principalmente quando ele é personificado por essas figuras, e quando elas começam a influenciar a consciência. Como são apenas personalidades parciais, têm o caráter de um homem ou de uma mulher inferiores, e daí sua influência irritante. Sob esta influência o homem se acha sujeito a caprichos imprevistos, enquanto a mulher se torna teimosa, exprimindo opiniões que se afastam do essencial[38].

A reação negativa da *anima*, no sonho alusivo à Igreja, indica que o lado feminino do paciente – seu inconsciente – não concorda com seu modo de pensar. Esta divergência de sentimento começa no que diz respeito ao provérbio escrito na parede: "Não adulei os vossos benfeitores", e com o qual o paciente está de ocordo. O sentido desta frase parece bastante sensato, de modo que não se percebe a razão pela qual a mulher se desespera tanto. Sem aprofundar o sentido deste segredo, devemos por enquanto contentar-nos com o fato de que existe uma contradição no sonho: uma minoria importante abando-

---

[37]. Cf. uma descrição de ambas as figuras em: *Die Beziehung Zwischen dem Ich und dem Unbewussten*, 1950, p. 117s. (OC, 7, § 296s.), como também suas definições *sub voce* "alma" (Seele); cf. JUNG, E. Ein Beitrag zum Problem des Animus. In: JUNG, C.G. *Wirklichkeit der Seele*. Zurique: [s.e.], 1947.

[38]. A *anima* e o *animus* não se manifestam unicamente de forma negativa. Às vezes aparecem também como fonte de iluminação, como mensageiros (ἄγγελοι) e como mistagogos.

na o cenário, sob vivo protesto, sem prestar atenção aos acontecimentos posteriores.

Pelo sonho ficamos sabendo que a função inconsciente do nosso paciente estabelece um compromisso muito superficial entre o catolicismo e uma *joie de vivre* (alegria de viver) pagã. O produto do inconsciente não expressa um ponto de vista sólido ou uma opinião definitiva; corresponde muito mais à exposição dramática de um ato de reflexão. Talvez pudéssemos formulá-lo da seguinte maneira: "Como vai o teu asssunto religioso? Você é católico, não é verdade? Mas isto não é o suficiente. E o ascetismo... Pois bem, até mesmo a Igreja deve adaptar-se um pouco: cinema, rádio, *jazz etc*. Por que não aceitar um pouco de vinho eclesiástico e algumas relações alegres?" Mas a mulher desagradável e misteriosa, que já aparecera em sonhos anteriores, parece profundamente decepcionada, e se retira.

Devo reconhecer que simpatizo com a *anima*. Evidentemente, o compromisso é muito barato e superficial, bem característico do paciente e de muitas outras pessoas, para as quais a religião não significa muito. Para meu paciente a religião é destituída de importância e ele jamais esperava que ela viesse a interessá-lo de algum modo. Mas ele veio consultar-me por causa de uma experiência muito difícil. Era um intelectual extremamente racionalista, que acabou percebendo ser sua atitude espiritual e filosófica totalmente impotente em relação à sua neurose e a seus fortes efeitos desmoralizantes. Nada encontrou em toda a sua concepção do mundo que lhe proporcionasse um autocontrole satisfatório. Encontrava-se, portanto, na situação de um homem quase abandonado por suas convicções e pelo ideal até pouco cultivados. De modo geral, constitui algo de extraordinário o fato de um indivíduo, em tais circunstâncias, voltar à religião de sua infância, na esperança de nela encontrar alguma ajuda para seus problemas. Não se tratava, porém, de uma tentativa ou de uma decisão conscientes de fazer reviver as antigas formas de sua fé religiosa. Ele apenas sonhou com isso, ou melhor, seu inconsciente levou-o a uma singular constatação no tocante à sua religião. Exatamente como se o espírito e a carne – eternos inimigos na consciência cristã – tivessem feito as pazes, à custa de um estranho enfraquecimento de sua natureza antagônica. O espiritual e o mundano se acham conjugados numa situação inesperada de paz. O efeito é um tanto grotesco e cômico. A austera seriedade do espírito parece minada por uma alegria semelhante àquela que a Antiguidade pagã conhecia, perfumada de vinho e rosas. Seja como for, o sonho descreve um ambiente espiritual e mundano que amortece a dramaticidade do conflito moral e faz com que se esqueçam todas as dores e penas da alma.

Se se tratasse da satisfação de um desejo, esta, indubitavelmente, teria sido consciente, pois era isto precisamente que o paciente já havia feito, até ao excesso. E sob este aspecto ele também não estava inconsciente, pois o vinho era um de seus inimigos mais perigosos. Pelo contrário, o sonho em estudo constitui um testemunho imparcial do estado de espírito do paciente. Ele nos oferece a imagem de uma religião degenerada e corrompida pelo mundanismo e pelos instintos do vulgo. O sentimentalismo religioso substitui o numinoso da experiência divina, característica de uma religião que perdeu o mistério vivo. É fácil compreender que uma religião desse tipo não representa uma ajuda, nem produza qualquer efeito moral.

O aspecto geral do sonho em questão é desfavorável, embora vislumbremos nele, vagamente, alguns aspectos positivos. Poucas vezes os sonhos são exclusivamente positivos ou negativos. De modo geral, os dois aspectos aparecem juntos, embora um prevaleça sobre o outro. É evidente que um sonho como esse não proporciona ao psicólogo material suficiente para colocar com profundidade o problema da atitude religiosa. Se possuíssemos apenas o sonho em questão, dificilmente poderíamos esperar descobrir seu significado íntimo; mas dispomos de toda uma série, que alude a um insólito problema religioso. Na medida do possível, nunca interpreto um sonho isolado. Em geral, o sonho é parte integrante de uma série. Assim como existe uma continuidade na consciência, embora interrompida pelo sono, do mesmo modo talvez exista uma continuidade no processo inconsciente, provavelmente mais ainda do que nos processos da consciência. Em todo caso, minha experiência favorece a hipótese segundo a que os sonhos constituem elos visíveis de uma cadeia de processos inconscientes. Se pretendemos conhecer a motivação mais profunda do referido sonho deveremos recorrer à série inteira e verificar em que ponto da longa cadeia de quatrocentos sonhos ele se encontra.

Nós o encontramos como elo entre dois sonhos importantes e terríveis. O sonho anterior fala de uma reunião de muitas pessoas e de uma estranha cerimônia aparentemente mágica, cuja finalidade era "reconstituir o gibão". O sonho subsequente trata de um tema parecido: a transformação mágica de animais em seres humanos[39].

Ambos os sonhos são extremamente desagradáveis e alarmantes para o paciente. O sonho da Igreja evidentemente se situa na superfície e exprime opiniões que, em outras circunstâncias, poderiam perfeitamente ser pensadas de forma consciente; os outros dois sonhos têm um caráter estranho e insólito, e é tal o seu efeito emocional que, se fosse possível, o paciente preferiria não tê-los sonhado. Com efeito, o texto do segundo sonho diz literalmente: "Quando se escapa tudo está perdido". Esta observação concorda estranhamente com a da mulher desconhecida: "Então já nada mais resta". Podemos concluir destas duas afirmações que o sonho da Igreja foi uma tentativa de fugir a outros pensamentos que povoavam os sonhos, e cujo significado era muito mais profundo. Esses pensamentos aparecem no sonho anterior e no sonho seguinte, ao da Igreja.

---

39. Cf. *Psychologie und Alchemie*. Op. cit., p. 177s. e p. 202s., [OC, 12; § 164s. e 183s.].

II
Dogma e símbolos naturais

O primeiro desses sonhos – o que precede o sonho da Igreja – refere-se a uma cerimônia mediante a qual se pretende reconstituir um macaco. Para esclarecer suficientemente este ponto seriam necessários muitos pormenores. Por isso, limito-me a constatar que o "macaco" denota a personalidade instintiva do paciente[1] negligenciada em favor de uma atitude puramente intelectual. O resultado disso foi que seus instintos o subjugaram investindo contra ele, de tempos em tempos, com força incontida. A "reconstituição" do macaco significa a reconstrução da personalidade instintiva dentro dos quadros hierárquicos da consciência, reconstituição possível unicamente quando acompanhada de importantes modificações da atitude consciente. O paciente, como é natural, temia as tendências do inconsciente, que até então só se haviam manifestado de forma desfavorável. O sonho seguinte, o da Igreja, constitui uma tentativa de recorrer (devido ao medo) à proteção de uma religião de tipo eclesiástico. O terceiro sonho – no qual se fala da "transformação de animais em seres humanos" – evidentemente dá continuidade ao primeiro tema: o macaco é reconstituído com a finalidade de ser metamorfoseado, posteriormente, num ser humano. O paciente passaria a ser outra pessoa, o que equivale a dizer que, mediante a reintegração de sua vida instintiva até então dividida, deveria submeter-se a uma importante transformação tornando-se assim um novo homem. O espírito moderno esqueceu aquelas antigas verdades que aludem à morte do velho Adão, à criação de um novo homem, ao renascimento espiritual e a

---

1. Cf. *Psychologie u. Alchemie*. [s.l.]: [s.e.], 1944, p. 193s. [OC, 12, § 175].

outros "absurdos míticos" da mesma espécie. Meu paciente, como cientista moderno, sentiu-se em várias ocasiões presa de pânico ao perceber que tais pensamentos se apoderavam dele. Tinha medo de enlouquecer, ao passo que dois milênios antes os homens ter-se-iam alegrado imensamente com semelhantes sonhos, na certeza de que representavam o prenúncio de um renascer do espírito e de uma vida renovada. Mas nossa mentalidade moderna olha com desdém as trevas da superstição e a credulidade medieval ou primitiva, esquecendo-se por completo de que carregamos em nós todo o passado, escondido nos desvãos dos arranha-céus da nossa consciência racional. Sem esses estratos inferiores, nosso espírito estaria suspenso no ar. Não deve surpreender-nos o fato de que em tal situação alguém se torne nervoso. A verdadeira história do espírito não se conserva em livros, mas no organismo vivo, psíquico de cada indivíduo.

57   Devo, contudo, admitir que a ideia de renovação assumiu forma que poderia chocar um espírito moderno. Com efeito, é difícil, se não impossível, conciliar aquilo que entendemos por "renascimento" com a forma descrita no sonho. Mas antes de tratarmos da transformação singular e inesperada a que nos referimos, devemos relatar ainda outro sonho, manifestamente de cunho religioso a que já me referi.

58   Enquanto o sonho alusivo à Igreja se acha bem no começo da longa série, o sonho seguinte pertence aos estágios mais adiantados do processo. O texto literal diz o seguinte:

"Entro numa casa de aspecto particularmente solene, chamada a 'Casa da Concentração'. Ao fundo, vemos muitas velas, dispostas de modo especial, com as quatro pontas voltadas para cima. Do lado de fora, à porta da casa, achava-se um homem idoso. Há pessoas que entram. Não dizem nada e ficam paradas e imóveis, a fim de se concentrarem interiormente. O homem à porta diz a respeito dos visitantes da casa: 'Quando saírem daqui, estarão purificados'. Então entro na casa e posso me concentrar inteiramente. Uma voz me diz: 'O que você está fazendo é perigoso. A religião não é o imposto que você paga para prescindir da imagem da mulher, pois esta imagem é imprescindível. Ai daqueles que usam a religião como substitutivo de outro aspecto da vida da alma: estão no erro e serão amaldiçoados. A religião não é substitutivo, mas, como perfeição última, deve ser acrescentada a outras atividades da alma. É da plenitude da vida que você deverá

engendrar sua religião; só então será bem-aventurado! Juntamente com a última frase pronunciada especialmente em voz alta, ouço uma música longínqua, acordes de um órgão. Algo me faz lembrar o tema do fogo mágico de Wagner. Ao sair da casa, vejo uma montanha em chamas e sinto que é um fogo que não se apaga, um fogo sagrado"[2].

O paciente ficou profundamente impressionado com tal sonho. Constituía para ele um acontecimento solene e muito significativo: um daqueles acontecimentos que produziram uma transformação profunda em sua atitude para com a vida e com a humanidade.

Não é difícil perceber que este sonho representa um paralelo do sonho da Igreja; só que, desta vez, a Igreja se transforma em "Casa da Solenidade" e da "concentração interior". Não há alusão alguma a cerimônias ou a outros atributos conhecidos da Igreja Católica, com a única exceção das velas acesas, dispostas em forma simbólica, oriunda talvez do culto católico[3]. As velas formam quatro pirâmides ou quatro pontas, que possivelmente antecipam a visão final da montanha em chamas. Entretanto, o número quatro aparece com frequência nos sonhos do paciente e desempenha papel de suma importância. O fogo sagrado se refere à *Santa Joana* de Bernard Shaw, como assinala o próprio sonhador. Por outro lado, o fogo "inextinguível" é um atributo bem conhecido da divindade, não só no Antigo Testamento como também na alegoria de Cristo, numa oração não canônica do Senhor, citada nas Homilias de Orígenes: *Ait autem ipsi Salvator: qui iuxta me est, iuxta ignem est, qui longe est a me, longe est a regno*[4]. (Quem está perto de mim, está perto do fogo; quem está longe de mim, está longe do reino). Desde Heráclito, a vida tem sido apresentada como um *pyr aeizoon*, fogo eternamente vivo, e visto que o Cristo se caracteriza a si mesmo como "a Vida", esta sentença

---

2. Cf. ibid., p. 270s., § 293.
3. Permite-se a um bispo que utilize quatro velas numa missa privada. Nas missas mais solenes, como, por exemplo, nas missas cantadas, utilizam também quatro velas, ao passo que nas formas mais elevadas são empregadas seis ou sete [N.A.]. Isto era válido no que se refere à liturgia anterior à reforma de Paulo VI. Hoje não há mais essa precisão no tocante ao número de velas, de acordo com o tipo de missa, como outrora [N.T.].
4. ORÍGENES. *In Jeremiam homilia*, XX, 3. MIGNE, J.-P. *Patr. gr.*, T. 13, col. 532 (Com efeito, o Salvador lhe diz: "Quem está perto de mim, está perto do fogo; quem está longe de mim está longe do Reino").

não canônica é compreensível. O símbolo do fogo, com o significado de "vida", se enquadra muito bem com a natureza do sonho, que realça ser a "plenitude da vida" a única legítima da religião. Assim, as quatro pontas chamejantes quase desempenham a função de um ícone, indicando a presença da divindade ou de um ser semelhante, de igual valor. No sistema dos gnósticos barbeliotas, o *Autogenēs* – o nascido de si mesmo, o incriado – está cercado de quatro velas acesas[5]. Essa estranha figura poderia também corresponder ao *Monogenēs* da gnose copta do *Codex Brucianus,* onde o *Monognēs* também é caracterizado como símbolo da quaternidade.

Segundo expliquei acima, o número quatro desempenha um papel de destaque nestes sonhos e alude sempre a uma ideia ligada à *tetraktys* dos pitagóricos[6].

O quaternário ou quaternio tem uma longa história. Ele não aparece somente na iconologia cristã e na especulação mística[7]. Possivel

---

5. IRINEU. *Adversus Haereses,* I, 29, 2. In: KIEBA, E. *Des heiligen Irenaeus fünf Bücher gegen die Haeresien.* 1912, p. 82.

6. Cf. ZELLER, E. *Die Philosophis der Griechen* (2. ed., 1856-1868) onde se acham compiladas todas as fontes. "Quatro é a fonte e a raiz da natureza eterna". Segundo Platão, o corpo provém do "quatro". Os neoplatônicos afirmam que o próprio Pitágoras descrevia a alma como um quadrado (ZELLER, III, II, p. 120).

7. O "quatro" aparece na iconologia cristã, sobretudo sob a forma dos quatro evangelistas e de seus símbolos, dispostos dentro de uma "rosa", de um círculo ou de uma *melothesia,* ou como *tetramorfo;* cf., por exemplo, *Hortus deliciarum,* de Herrad von Landsperg, e as obras de especulação mística. Apenas menciono: 1) BOEHME, J. *Vierzig Fragen von der Seele;* 2) HILDEGARD DE BINGEN. *Codex Luccensis,* fol. 372, e *Codex Heidelbergensis, Scivias, Darstellungen des mystischen Universums;* cf. SINGER. Ch. *Studies in the History and Method of Science;* 3) os notáveis desenhos de Opcinius de Canistris, em *Codex Palatinus Latinus* 1993, Vaticano; cf. SALOMON, R. *Opicinus de Canistris, Weltbild und Bekenntnisse eines avignonenesischen Klerikers des 14, Jahrhunderts;* 4) KHUNRAT, H. *Von hylealischen, das ist primaterialischen catholischen, oder allgemeinem natürlichen Chaos,* (1597), p. 204 e p. 281, onde este autor diz que a "Monas catholica" se origina da rotação do "Quaternarium". A mônada é interpretada como uma imagem e uma Allegoria Christi. Material adicional em KHUNRATH, H. *Amphitheatrum Sapientiae Aeternae,* 1604; 5) As especulações sobre a cruz ("de quatuor... generibus arborum facta fuisse refertur crux" – diz-se que a cruz foi feita de quatro espécies de árvores). Cf. BERNARDUS. *Vitis Mystica,* cap. XLVI, em: MIGNE, J.P. *Patr. lat.,* T. 184, col. 732; Cf. MEYER, W. *Die Geschichte des Kreuzholzes vor Christus* (1881), p. 7. A respeito da quaternidade, cf. tb. DUNBAR. *Symbolism in Medieval Thought and its Consummation in the Divine Comedy* (1929).

mente desempenha um papel ainda mais significativo na filosofia gnóstica[8] e através de toda a Idade Média, até o século XVIII[9].

No sonho em questão o quaternio se apresenta como o expoente mais significativo do culto religioso criado pelo inconsciente[10]. Nele, o paciente entra sozinho na "Casa da Concentração" sem ser acompanhado pelo amigo, como no sonho da Igreja. No recinto encontra-se com um homem idoso que já lhe aparecera como o *sábio*, num sonho anterior, e que lhe indica um lugar determinado da terra, ao qual o sonhador pertencia. O ancião explica que o culto é um rito de purificação. Mas através do texto do sonho não se pode saber a que tipo de purificação o velho se refere, ou de que se deve ser purificado. O único rito que de fato se realiza parece ser uma concentração ou meditação, que conduz ao fenômeno extático da *voz*. Nesta série de sonhos a voz aparece diversas vezes, dando uma explicação auto-

---

8. Remeto o leitor aos sistemas de Isidoro, Valentino, Marco e Segundo. Um exemplo sumamente instrutivo é o simbolismo do Monogenes no Codex *Brucianus* (Bruce Ms. 16, Bodleian Libr., Oxford. Em: BAYNES, C.A. *A Coptic Gnostic Treatise* (1933), p. 59 e 70s.).

9. Remeto às especulações místicas a respeito das quatro raízes (o ῥιζώματα de Empédocles), equivalentes aos quatro elementos e às quatro qualidades (úmido, seco, quente, frio), próprios da filosofia alquimista. Descrição em Petrus Bonus, *Pretiosa Margarita Novella*, 1546. Um "Artis metallicae schema" baseado em uma "quaternatio", em PANTHEUS, Joannes Aug. *Ars Transmutationis Metallicae* (1519), p. 5; uma quaternatio elementorum", e acerca dos processos químicos, cf. RAIMUNDO DE LULLO. *Theorica et Practica* (*Theatrum Chemicum*, IV, (1613), p. 174); símbolos dos quatro elementos em MAJER, M. *Scrutinium Chymicum*, (1687). O mesmo autor escreveu um interessante tratado: *De Circulo Physico Quadrato*, (1616). Simbolismo parecido, em MYLIUS. *Philosophia Reformata*, (1622). Descrições da "salvação hermética" (da *Pandora* de Reusner, publicada no ano de 1588, e do *Codex Germanicus Monacensis* 598), sob a forma de um tétrade com os símbolos dos evangelistas, em: JUNG, C.G. *Psychologie und Alchemie*, fig. 231 e 232; sobre o Simbolismo do "quatro", ibid., p. 300s., OC, 12; § 327s. Material adicional em KUEKELHAUS, H. *Urzahl und Gebarde* (1934). Sobre exemplos análogos no Ocidente, cf. ZIMMER, H. *Kunstform und Yoga im indischen Kultbild*, 1926; WILHELM, R. & JUNG, C.G. *Das Geheimnis der Goldenen Blüte. Ein chinesisches Lebensbuch.*, Zurique: [s.e.], 1957. A bibliografia acerca do simbolismo da cruz também pertence a este contexto.

10. Esta frase talvez pareça pretensiosa, como se eu me esquecesse, em primeiro lugar, de que se trata de um sonho isolado e não repetido, a partir do qual não se podem tirar conclusões muito amplas. Entretanto, minha conclusão não se baseia apenas neste sonho, mas em muitas experiências semelhantes, às quais me referi em outra parte.

ritária ou então uma ordem, que ora se destaca por um surpreendente *common sense*, ora constitui uma afirmação rica de sentido filosófico. Trata-se, quase sempre, de uma comprovação definitiva, aparecendo em geral no fim de um sonho e, em geral, de modo tão claro e convincente que o sonhador não encontra qualquer argumento em contrário. O que a voz diz, possui, de fato, um caráter de verdade irrefutável, de modo que é quase impossível não reconhecê-la como uma conclusão inevitável de uma prolongada e inconsciente meditação e ponderação de diversos argumentos. Frequentemente a voz provém de um indivíduo imperioso, de um chefe militar, por exemplo, ou do capitão de um navio, ou ainda de um médico. Algumas vezes trata-se simplesmente de uma voz que aparentemente não é de ninguém. Era muito interessante observar como esse homem, intelectual e cético, acolhia a voz. Muitas vezes ela não lhe convinha e no entanto ele a aceitava sem nada objetar, e o fazia até mesmo com humildade. Assim, ao longo de centenas de sonhos cuidadosamente anotados, a voz se revelou como representante essencial e determinante do inconsciente. Como o paciente não constitui, de modo algum, o único caso por mim observado em que se dá o fenômeno da voz em sonhos e em outros estados especiais da consciência, devo admitir que o inconsciente revela às vezes uma inteligência e intencionalidade superiores à compreensão consciente de que somos capazes no momento. Sem dúvida, este fato – observado num indivíduo cuja atitude consciente parecia quase incapaz de produzir fenômenos religiosos – constitui um fenômeno religioso básico. Não raro tive a ocasião de fazer observações semelhantes em outros casos, e devo confessar que não posso expressar os fatos de maneira diversa. Com frequência tenho me defrontado com a objeção de que as ideias apregoadas pela voz nada mais são do que os próprios pensamentos do indivíduo. Talvez o seja. Mas eu só consideraria meu um pensamento que eu mesmo tivesse pensado, assim como só diria que uma soma de dinheiro é minha, se a tivesse adquirido consciente e legitimamente. Se alguém me tivesse dado o dinheiro de presente, certamente eu não diria ao meu benfeitor: "muito obrigado pelo *meu* dinheiro", embora pudesse dizer, em seguida, a uma terceira pessoa: "este dinheiro me pertence". A situação é parecida, no que diz respeito à voz. A voz me proporciona certos conteúdos, da mesma forma que um amigo me comunica suas ideias. Se eu afirmar que o que ele diz são, originariamente e em primeiro lugar, *minhas* próprias ideias, não estou sendo correto nem isso corresponde à verdade, mas se trata de um plágio.

Esta é a razão pela qual distingo entre aquilo que criei ou adquiri pelo meu próprio esforço, daquilo que constitui, clara e inequivocamente, uma criação do inconsciente. Alguém poderia objetar-me que o chamado inconsciente nada mais é do que minha própria psique e que, portanto, uma tal discriminação é supérflua. Mas não estou absolutamente convencido de que o inconsciente seja, de fato, tão somente *minha* psique, pois o conceito de "inconsciente" significa que não tenho consciência dele. O conceito de inconsciente é, na realidade, uma simples pressuposição adotada por razões de comodidade. Em verdade, estou inconsciente disso. Em outras palavras, não sei sequer onde se origina a voz. Não apenas sou incapaz de produzir voluntariamente o fenômeno, como também é impossível conhecer antecipadamente o conteúdo da mensagem. Em tais condições, seria uma temeridade dizer que o fator que produz a voz é *meu* inconsciente ou *meu* espírito. Pelo menos, não seria exato. O fato de percebermos a voz em nossos sonhos nada comprova, porque também podemos perceber o ruído que vem da rua, e não passaria pela cabeça de ninguém considerá-lo *seu próprio* ruído.

Existe uma única condição pela qual seria lícito dizer que a voz é *nossa:* se achássemos que a personalidade consciente constitui uma parte de um todo, como um círculo menor contido em um outro, maior. Um pequeno funcionário de banco que, ao mostrar a cidade a um amigo, lhe indicasse o edifício onde trabalha, dizendo: "este é *meu* banco", estaria se servindo do mesmo privilégio.

Podemos dizer que a personalidade humana é constituída de duas partes: a primeira é a consciência e tudo o que ela abrange; a segunda é o interior de amplidão indeterminada da psique inconsciente. A personalidade consciente é mais ou menos definível e determinável. Mas, em relação à personalidade humana, como um todo, temos de admitir a impossibilidade de uma descrição completa dela. Em toda personalidade existe inevitavelmente algo de indelineável e de indefinível, uma vez que ela apresenta um lado consciente e observável, que não contém determinados fatores, cuja existência no entanto é forçoso admitir, se quisermos explicar a existência de certos fatos. Estes fatores desconhecidos constituem aquilo que designamos como o lado inconsciente da personalidade.

67 Não podemos dizer em que consistem estes fatores, pois só podemos observar os seus efeitos. Achamos que são de natureza psíquica semelhante à dos conteúdos conscientes. Mas não temos qualquer certeza a este respeito. Uma vez aceita esta analogia, quase somos forçados a admitir também algumas conclusões suplementares. Como os conteúdos anímicos só se tornam conscientes e perceptíveis na medida em que aparecem associados a um ego, não fica excluída a hipótese de que o fenômeno da voz, com seu tom decididamente pessoal, possa provir do centro de um ego que, no entanto, não seria idêntico ao eu consciente. Tal conclusão será admissível sempre que considerarmos o eu como subordinado ou contido num "Si-mesmo" (Selbst) superior, que constitui o centro da personalidade psíquica total, ilimitada e indefinível.

68 Não sou amigo de argumentos filosóficos que divertem seus autores com as complicações inventadas por eles mesmos. Embora minha colocação pareça um pouco sofisticada, ela representa pelo menos uma tentativa bem-intencionada de formular fatos observados. Por exemplo, poderíamos dizer simplesmente: como não sabemos tudo, praticamente qualquer experiência, qualquer fato ou objeto encerram algo de desconhecido. Assim, se falamos da totalidade de uma experiência, o termo "totalidade" só pode referir-se à sua parte consciente. E como não podemos dizer que nossa experiência abarca a totalidade do objeto, é evidente que a totalidade absoluta desse objeto necessariamente deverá conter uma parte não experimentada. O mesmo vale – como dissemos antes – para qualquer experiência e para a psique, cuja totalidade absoluta abrange um círculo bem maior do que o da consciência. Em outras palavras: a psique não constitui uma exceção à regra geral, segundo a qual a essência do universo em questão só pode ser conhecida na proporção permitida pelo organismo psíquico.

69 A experiência psicológica me tem mostrado invariavelmente que certos conteúdos provêm de uma psique mais ampla do que a consciência. Com frequência, eles encerram uma análise, uma compreensão ou um saber de grau superior, que a consciência do indivíduo seria incapaz de produzir. O termo mais apropriado para designar tais acontecimentos é: *intuição*. Ao ouvi-lo, a maioria das pessoas experi-

menta uma sensação agradável, como se com isso se exprimisse alguma coisa de real. E não consideram o fato de que uma intuição jamais é produzida. Ela surge espontaneamente. *Tem-se* a ideia de que se apresenta por si mesma, e que só podemos captá-la se formos suficientemente rápidos.

Por isso, considero a voz ouvida no sonho da casa solene como um produto da personalidade mais completa, uma de cujas partes é constituída pela faceta consciente do sonhador. Sou também de opinião de que é este o motivo pelo qual a voz mostra uma inteligência e uma clareza superiores à consciência simultânea do paciente. É esta superioridade que explica a autoridade absoluta da voz.

A mensagem encerra uma crítica notável da atitude do sonhador. No sonho referente à Igreja ele tentou conciliar os dois aspectos da vida mediante uma espécie de compromisso barato. Como sabemos, a mulher desconhecida, a *anima*, não estava de acordo com este procedimento e desapareceu do cenário. Nesse sonho, porém, a voz parece ter tomado o lugar da *anima*, embora não levante qualquer protesto de natureza afetiva, propondo no entanto uma explicação magistral acerca de dois tipos de religião. Isto demonstra que o paciente tende a usar a religião como sucedâneo da "imagem da mulher", como diz o texto. A palavra "mulher" se refere à *anima*. É isto o que se depreende da frase seguinte, onde se fala da religião utilizada como sucedâneo do "outro lado da vida da alma". Conforme indiquei acima, a alma é esse "outro lado". Representa a minoria feminina oculta no limiar da consciência, ou, em outras palavras, é o inconsciente. A referida crítica consistiria, portanto, no seguinte: "Você tenta a religião para fugir ao inconsciente. Você se utiliza dela como sucedâneo de uma parte da vida de sua alma. Mas a religião é o fruto e o ponto culminante, isto é, da vida que inclui os dois aspectos".

Uma atenta confrontação com outros sonhos da mesma série mostra-nos de forma inequívoca o que é esse "outro lado". O paciente procurava constantemente esquivar-se às suas *necessidades afetivas*, pois temia que elas pudessem trazer-lhe inconvenientes, envolvendo-o, por exemplo, no matrimônio e em outras responsabilidades como o amor, o dom de si mesmo, a fidelidade, a confiança, a dependência afetiva e, de modo geral, a subordinação às exigências da alma. Nada disso tinha a ver com a ciência ou com uma carreira acadêmica. Além disso, a palavra "alma" expressava apenas uma falta de decoro intelectual, que ele achava necessário evitar a todo custo.

73   O "segredo" da *anima* é a alusão religiosa a um grande enigma para meu paciente que, naturalmente, nada sabia acerca da religião, a não ser que era uma confissão. Sabia também que a religião podia substituir certas exigências sentimentais desagradáveis, que talvez pudessem ser evitadas mediante a prática religiosa. Os preconceitos de nossa época se refletem com toda nitidez nos temores de nosso paciente. A voz, por outro lado, não é ortodoxa, e produz efeito chocante, por seu não convencionalismo: toma a religião a sério, coloca-a no ápice da vida, uma vida que comporta "ambos os lados", liquidando assim os preconceitos intelectuais e racionalistas mais caros ao homem. Isto representou uma tal revolução, que meu paciente sentiu muitas vezes medo de enlouquecer. Pois bem, como conhecemos o intelectual mediano de hoje e de ontem, talvez possamos partilhar com ele o sentimento dessa penosa situação. Levar a sério a "imagem da mulher", isto é, o inconsciente, que derrota para o *common sense* ilustrado![11]

74   Iniciei o tratamento pessoal do paciente depois que ele já examinara uma primeira série de cerca de trezentos e cinquenta sonhos. Nessa época ele sofria uma violenta reação, em consequência de suas vivências interiores. Teria preferido fugir à sua própria aventura. Mas, felizmente, tinha *religio,* isto é, "considerava cuidadosamente sua experiência", e tinha bastante *pistis* ou lealdade frente às suas experiências para se fixar nelas, dando-lhes prosseguimento. Tinha a grande *vantagem de ser neurótico*, e, por isso, sempre que procurava desviar de sua experiência ou renegar a voz, o estado neurótico reaparecia imediatamente. Não podia "apagar o fogo" e teve, por fim, de admitir o caráter inconcebivelmente numinoso de sua experiência. Viu-se forçado a reconhecer que o fogo é inextinguível, é "sagrado". Esta foi a *conditio sine qua non* de sua cura.

---

11. Remeto o leitor a POPELIN, C. *Le Songe de Poliphile ou Hypnérotomachie de Frère Francesco Colonna,* 1883. Este livro foi escrito provavelmente por um clérigo do século V. É um exemplo magnífico de "romance da *anima*". Consulte-se também FIERZ-DAVID, L. *Der Liebestraum des Poliphilo,* 1947.

Talvez alguém pudesse objetar que se trata de um caso excepcional, uma vez que pessoas mais ou menos plenas constituem exceções. É inegável que a grande maioria dos homens é composta de personalidades fragmentárias e que, em lugar de ater-se a bens genuínos, recorre a sucedâneos. Mas para este homem ser fragmento equivaleria a uma neurose, e o mesmo acontece a um número considerável de pessoas. O que geralmente se chama de "religião" constitui um sucedâneo em grau tão espantoso que me pergunto seriamente se esse tipo de religião – que prefiro chamar de "confissão" – não desempenha uma importante função na sociedade humana. Ela tem a finalidade evidente de substituir a experiência imediata por um grupo adequado de símbolos envoltos num dogma e num ritual fortemente organizados. A Igreja Católica os mantém por força de sua autoridade absoluta. A "Igreja" protestante (se ainda se pode falar em "Igreja") os mantém pela ênfase da fé na mensagem evangélica. Os homens estarão adequadamente protegidos contra a experiência religiosa *imediata*, enquanto estes dois princípios forem válidos[12]. E mais: se apesar de tudo acontecer-lhe algo de imediato, eles poderão recorrer à Igreja, que está em condições de dizer se a experiência provém de Deus ou do diabo, se deve ser repelida ou aceita.

Em minha profissão tratei de indivíduos que tinham tido essa experiência imediata e que não queriam ou não podiam submeter-se à decisão da autoridade eclesiástica. Tive de acompanhá-los através de suas crises e violentos conflitos, do medo de enlouquecer, dos seus desequilíbrios e depressões a um só tempo grotescos e desesperados, de modo que estou plenamente convencido da extraordinária importância do dogma e dos ritos, pelo menos enquanto *métodos de higiene*. Se o paciente é católico praticante, eu o aconselho a confessar-se e a comungar, para resguardar-se de uma experiência imediata, que poderia ser superior as suas forças. Com os protestantes, a tarefa em geral não é assim tão fácil; o dogma e os ritos enfraqueceram a tal ponto, que perderam grande parte de sua eficácia. Em geral, não há confissão e os pastores compartilham da antipatia geral frente aos

---

12. As vestes não representam apenas um adorno, mas são também uma proteção para o sacerdote celebrante. O "temor de Deus" não é uma metáfora desprovida de fundamento, pois por trás dele há uma fenomenologia correspondente.

problemas psicológicos e infelizmente da ignorância generalizada em matéria de psicologia. Os sacerdotes católicos e diretores de almas, em geral, possuem maior habilidade psicológica e às vezes uma compreensão mais profunda. Além disso, os pastores protestantes passaram por um treinamento científico em alguma Faculdade de Teologia que, com seu espírito crítico, mina a ingenuidade da fé, ao passo que na educação de um sacerdote católico a poderosa tradição histórica geralmente fortalece a autoridade da instituição.

77   Na minha condição de médico, poderia facilmente aderir à chamada crença "científica", segundo a qual uma neurose nada mais é do que sexualidade infantil reprimida ou ambição e poder. Com uma tal depreciação dos conteúdos psíquicos seria possível, até certo ponto, proteger um número considerável de pacientes contra o perigo das experiências imediatas. Mas sei que esta teoria só é verdadeira em parte, e isto significa que ela só abarca alguns aspectos da psique neurótica. Não posso, porém, dizer a meus pacientes algo de que não esteja plenamente convencido.

78   Como sou protestante, alguém poderia objetar: "Ora, quando aconselha a um católico praticante que procure um padre para se confessar, está-lhe indicando algo em que não acredita".

79   Para responder a esta crítica, devo esclarecer que na medida do possível não prego minha crença. Quando me perguntam a respeito, defendo minhas convicções, que não vão além daquilo que considero meu saber. Estou convencido daquilo que *sei*. Tudo o mais é hipótese. Quanto ao resto, há um sem-número de coisas que deixo entregue ao desconhecido. Essas coisas não me afligem. Mas me afligiriam, sem dúvida, se eu sentisse que *deveria* saber algo a seu respeito. Por conseguinte, se um paciente está convencido da origem exclusivamente sexual de sua neurose, não contrario sua opinião, porque sei que tal convicção, principalmente se estivesse profundamente arraigada, constitui uma excelente defesa contra a terrível ambiguidade da experiência imediata. Enquanto tal defesa for eficaz, não a derrubarei, porque sei que devem existir poderosos motivos para que o paciente se veja obrigado a pensar dentro de um círculo tão restrito. Mas se os seus sonhos começam a solapar a teoria protetora, tenho que defender sua personalidade mais ampla, como o fiz no caso do sonho acima referido. Da mesma forma e pelo mesmo motivo, apoio

a hipótese do católico praticante, desde que esta lhe traga alguma ajuda. Em ambos os casos, apoio um meio defensivo contra um grave risco, sem entrar no mérito da questão acadêmica de averiguar se a forma de defesa constitui ou não uma verdade última. Contento-me na medida em que ela é eficaz.

Em relação ao nosso paciente, o muro de proteção católico já desmoronara muito antes de que eu tomasse conhecimento do seu caso. Se o aconselhasse a confessar-se, ou algo parecido, rir-se-ia de mim, como riu da teoria da sexualidade que não foi preciso defender em relação a ele. Mas em todas as ocasiões fiz-lhe ver que eu estava inteiramente do lado da *voz*, na qual reconhecia parte de sua personalidade futura mais ampla, destinada a libertá-lo de sua atitude unilateral.

Para certa camada intelectual medíocre, caracterizada por um racionalismo ilustrado, uma teoria científica que simplifica as coisas, constitui excelente recurso de defesa, graças à inabalável fé do homem moderno em tudo o que traz o rótulo de "científico". Um tal rótulo tranquiliza imediatamente o intelecto, tanto quanto o *Roma locuta, causa finita* (Roma falou, o assunto está encerrado). Em minha opinião e sob o ponto de vista da verdade psicológica, qualquer teoria científica, por mais sutil que seja, tem, em si mesma, menos valor do que o dogma religioso, e isto pelo simples motivo de que uma teoria é forçosa e exclusivamente racional, ao passo que o dogma exprime, por meio de sua imagem, uma totalidade irracional. Este método garante-nos uma reprodução bem melhor de um fato tão irracional como o da existência psíquica. Além disso, o dogma deve sua existência e forma, por um lado, às experiências da "gnose"[13] – consideradas como reveladas e imediatas; por exemplo, o Homem-Deus, a cruz, a concepção virginal, a Imaculada Conceição, a Trindade etc. – e, por outro, à colaboração ininterrupta de muitos espíritos e de muitos séculos. Talvez não se perceba claramente a razão pela qual eu designo certos dogmas como "experiências imediatas", uma vez que o dogma é, em si mesmo, precisamente aquilo que exclui a experiência "imediata". Mas é preciso lembrar que as imagens cristãs a que aludi não

---

13. A "gnose", como forma especial de conhecimento, não deve ser confundida com o "gnosticismo".

são exclusivas do cristianismo (embora este lhes tenha conferido uma marca e plenitude de sentido que dificilmente podem ser comparadas às de outras religiões). Com a mesma frequência encontramos essas imagens nas religiões pagãs. Além disso, elas podem reaparecer espontaneamente, em todas as variações possíveis, como fenômenos psíquicos, do mesmo modo que no passado remoto provieram de visões, sonhos e estados de transe. Tais ideias nunca foram inventadas. Nasceram quando a humanidade ainda não havia aprendido a utilizar o espírito como atividade orientada para fins determinados. Antes que os homens aprendessem a produzir pensamentos, os pensamentos vieram a eles. Os homens não pensavam, e sim *recebiam sua própria função espiritual*. O dogma é como um sonho que reflete a atividade espontânea e autônoma da psique objetiva, isto é, do inconsciente. Esta expressão do inconsciente constitui um expediente defensivo contra novas experiências imediatas e é muito mais eficaz do que uma teoria científica. Esta última tem de subestimar forçosamente os valores emotivos da experiência. E sob este aspecto o dogma é profundamente expressivo. Uma teoria científica logo é superada por outra, ao passo que o dogma perdura por longos séculos. O Homem-Deus sofredor deve ter pelo menos cinco mil anos de existência, e a Trindade talvez seja ainda mais antiga.

82   O dogma constitui uma expressão da alma muito mais completa do que uma teoria científica, pois esta última só é formulada pela consciência. Além disso, através de seus conceitos abstratos, uma teoria mal consegue exprimir o que é vivo, enquanto o dogma, utilizando-se da forma dramática do pecado, da penitência, do sacrifício e da redenção, logra exprimir adequadamente o processo vivo do inconsciente. Sob este aspecto, é realmente espantoso o fato de que não tenha podido evitar o cisma protestante. Mas como o protestantismo se converteu em credo religioso para os germânicos, com seu desejo de aventuras, sua curiosidade, sede de conquistas e falta de escrúpulos característicos, é lícito supor que a índole peculiar deste povo não se harmonizaria – pelo menos duradouramente – com a paz da Igreja. Parece que ainda não haviam chegado ao estágio de poder suportar um processo de salvação e submeter-se a uma divindade que se manifestara na grandiosa construção da Igreja. Talvez esta contivesse muitos elementos do Império Romano e da *Pax Romana*, pelo menos

para as suas energias que naquela época e ainda hoje não se acham suficiente domesticadas. Talvez precisassem de uma experiência de Deus mais intensa e menos dominada, como acontece muitas vezes com povos ávidos de aventuras, irrequietos e demasiado jovens para qualquer forma de conservadorismo ou domesticação. Por isso, afastaram, uns mais, outros menos, a intercessão eclesiástica entre Deus e o homem. Como resultado da destruição do muro protetor, os protestantes perderam as imagens sagradas como expressão de importantes fatores inconscientes, juntamente com o rito, que desde tempos imemoriais constituíra um caminho seguro de acomodação para as forças incalculáveis do inconsciente. Assim foi liberada grande quantidade de energia que logo fluiu pelos antigos canais da curiosidade e da sede de conquista, convertendo a Europa na mãe dos dragões que devoraram a maior parte da terra.

Desde aqueles dias, o protestantismo converteu-se em sementeira de cismas e também de rápido desenvolvimento científico e técnico, atraindo de tal forma a consciência humana, que as insondáveis forças do inconsciente foram esquecidas. A catástrofe da guerra de 1914 e as extraordinárias manifestações posteriores de uma profunda comoção espiritual foram necessárias para que os homens perguntassem se alguma coisa não estava errada no espírito do homem branco. Antes de rebentar a guerra de 1914, estávamos todos convencidos de que o mundo poderia ser ordenado por meios racionais. Agora presenciamos o quadro espantoso de *Estados* inteiros que fazem a exigência arcaica da teocracia, isto é, da *totalidade* à qual se segue, inevitavelmente, a supressão da liberdade de opinião. Voltamos ao espetáculo das pessoas que cortam o pescoço, uma às outras, por causa de teorias pueris sobre a forma de como realizar o paraíso na terra. Não é difícil compreender que as potências do mundo subterrâneo – para não dizer infernal – antes acorrentadas e domesticadas, com maior ou menor êxito, dentro de um gigantesco edifício espiritual, estão procurando criar uma escravidão e prisão estatais desprovidas de qualquer estímulo psíquico ou espiritual. Não são poucas as pessoas atualmente convencidas de que a pura razão humana não está verdadeiramente à altura da tarefa imensa de conter o vulcão que entrou em erupção.

Este desenvolvimento é fatal. Não acuso nem o protestantismo, nem o Renascimento. Mas uma coisa tenho como certa: que o homem moderno – não importa se protestante ou católico – perdeu a proteção dos muros da Igreja, que tinham sido cuidadosamente erigidos e fortificados desde os dias de Roma, aproximando-se, por causa desta perda, da zona do fogo destruidor e criador do mundo. A vida se tornou mais rápida e intensa. Nosso mundo é sacudido e inundado por ondas de inquietação e medo.

85   O protestantismo foi e continua a ser um grande risco e, ao mesmo tempo, uma grande possibilidade. Se continuar o processo de sua desintegração enquanto Igreja, o homem ver-se-á despojado de todos os dispositivos de segurança e meios de defesa espirituais, que o protegem contra a experiência imediata das forças enraizadas no inconsciente, e que esperam sua libertação. Observe-se a incrível crueldade de nosso mundo supostamente civilizado – tudo isto tem sua origem na essência humana e em sua situação espiritual! Observe-se os meios diabólicos de destruição! Foram inventados por *gentlemens* inofensivos, cidadãos pacatos e respeitados e tudo aquilo que se possa desejar. E se tudo explodir, abrindo-se um inferno indescritível de destruição, parece que ninguém será responsável por isso. É como se as coisas simplesmente acontecessem. E, no entanto, tudo é obra do homem. Mas como cada um está cegamente convencido de não ser mais do que uma simples consciência, muito humilde e sem importância, que cumpre regularmente suas obrigações, ganhando seu modesto sustento, ninguém percebe que toda a massa racionalmente organizada a que se dá o nome de Estado ou Nação é impelida por um poder aparentemente impessoal, invisível, mas terrível, cuja ação ninguém ou coisa alguma pode deter. Em geral, tenta-se explicar esse poder terrível pelo medo diante da nação vizinha, que se supõe estar possuída por um demônio maligno. E como ninguém pode saber em que ponto e com que intensidade está possuído e é inconsciente, simplesmente projeta seu próprio estado no vizinho. Torna-se então um dever sagrado possuir os maiores canhões e os gazes mais venenosos. E o pior de tudo é que se tem razão. Cada vizinho se acha dominado pelo mesmo medo incontrolado e incontrolável. É fato bem conhecido nos manicômios que os pacientes que têm medo são muito mais perigosos do que os impulsionados pela ira ou pelo ódio.

86   O protestante está entregue só a Deus. Para ele, não há confissões, absolvição ou qualquer possibilidade de cumprir uma obra de divina expiação. Tem de digerir sozinho seus pecados, sem a certeza da graça divina, que por falta de ritual adequado tornou-se-lhe inacessível. Isto

explica o fato da consciência protestante haver despertado, convertendo-se em má consciência, com as desagradáveis propriedades de uma enfermidade latente que coloca o homem numa situação de mal-estar. Mas por isto mesmo o protestante tem a oportunidade única de tomar consciência do próprio pecado, em grau dificilmente acessível à mentalidade católica. O católico tem sempre a seu dispor a confissão e a absolvição para equilibrar um excesso de tensão. O protestante, ao contrário, acha-se entregue à tensão interior que pode continuar aguçando sua consciência. A consciência, e muito especialmente a má consciência, pode ser um dom de Deus, uma verdadeira graça, quando aproveitada para uma autocrítica mais elevada. Como atividade introspectiva discriminatória, a autocrítica é imprescindível para qualquer tentativa de compreender a própria psicologia. Quando se incorre nalguma falha inexplicável e se pergunta qual terá sido a sua causa, é preciso o aguilhão da má consciência e a faculdade discriminatória que a acompanha para descobrir as razões do próprio comportamento. Só assim pode o homem ver quais são os fatores que o levam a agir de um modo ou de outro. O acicate da má consciência estimula também a descobrir coisas até então inconscientes, tornando possível ao homem transpor o limiar do inconsciente: ele pode assim perceber as forças impessoais que se ocultam em seu interior, convertendo-o em instrumento de assassínio em massa. Ao protestante que sobrevive à perda total de sua Igreja e continua protestante, isto é, ao homem desamparado perante Deus, sem a proteção de muros ou comunidades, é dada a possibilidade espiritual única da experiência religiosa imediata.

Não sei se consegui explicar com clareza o significado que a experiência do inconsciente tinha para meu paciente. Não há uma medida objetiva para avaliarmos a importância de tal experiência. Devemos tomá-la no justo valor que apresenta para a pessoa que tem a experiência. Talvez nos impressione o fato de que certos sonhos, aparentemente insignificantes, possam ter importância para um homem inteligente. Mas se não pudermos aceitar suas afirmações a respeito, ou colocarmo-nos em sua posição, será melhor não julgarmos seu caso. O *genius religiosus* é um vento que "sopra onde quer". Não há um ponto de Arquimedes a partir do qual se possa julgar, pois não é possível distinguir a psique de suas manifestações. A psique constitui o objeto da Psicologia e também é, infelizmente, o seu sujeito. Não podemos fugir a tais fatos.

88   Os poucos sonhos que escolhi para ilustrar aquilo que chamo de "experiência imediata" certamente pouco significarão para um olhar inexperiente. Não são espetaculares, mas modestos testemunhos de uma experiência individual. Seriam melhor apresentados se eu pudesse mostrá-los dentro da série completa, com o rico material simbólico acumulado ao longo de todo o processo. Mas mesmo a série onírica completa não poderia ser comparada, em beleza ou força de expressão, com um aspecto qualquer de uma religião tradicional. Um dogma é sempre o resultado e o fruto do labor de muitos espíritos e de muitos séculos. Acha-se purificado de tudo o que há de extravagante, insuficiente e perturbador na experiência individual. Mas apesar disso a experiência individual, justamente por sua pobreza, é vida imediata, sangue quente e rubro que pulsa nas veias do homem. Para quem busca a verdade, ela é mais persuasiva do que a melhor das tradições. A vida imediata é sempre individual, pois o indivíduo é o sustentáculo da vida. Tudo quanto provém do indivíduo é, de certa maneira, único e, por isso mesmo, transitório e imperfeito, especialmente quando se trata dos produtos espontâneos da alma como os sonhos ou algo semelhante. Nenhum outro terá os mesmos sonhos que eu, embora se defronte algumas vezes com problemas idênticos aos meus. Mas assim como não existe um só indivíduo tão diferenciado, que tenha chegado à singularidade absoluta, assim também não existe criação individual de caráter absolutamente único. Do mesmo modo que os sonhos são constituídos de um material preponderantemente coletivo, assim também na mitologia e no folclore dos diversos povos certos temas se repetem de forma quase idêntica. A estes temas dei o nome de *arquétipos*[14], designação com a qual indico certas formas e imagens de natureza coletiva, que surgem por toda parte como elementos constitutivos dos mitos e ao mesmo tempo como produtos autóctones individuais de origem inconsciente. Os temas arquetípicos provêm, provavelmente, daquelas criações do espírito humano transmitidas não só por tradição e migração como também por herança. Esta última hipótese é absolutamente necessária, pois imagens arquetípicas complexas podem ser reproduzidas espontaneamente, sem qualquer possibilidade de tradição direta.

---

14. Cf. *Psychologische Typen* definição de "imagem". Cf. tb. Theoretische Überlegungen zum Wesen des Psychischen, em *Von den Wurzeln des Bewusstseins*. Op. cit., 1954, p. 557s. [OC, 8; § 397s.].

A teoria das ideias originárias pré-conscientes não é, de forma alguma, uma invenção minha, como o demonstra a palavra "arquétipo", que pertence aos primeiros séculos da nossa era[15]. Com especial referência à psicologia, encontramos esta teoria nas obras de Adolf Bastian[16] e, logo depois, em Nietzsche[17]. Na literatura francesa, Hubert e Mauss[18], e Lévy-Bruhl[19] se referem a ideias semelhantes. Através de investigações minuciosas, nada mais fiz do que oferecer uma base empírica

---

15. O termo "arquétipo" é empregado por Cícero, Plínio e outros. Como conceito especificamente filosófico, aparece no *Corpus Hermeticum*, Lib. I (SCOTT, W. (org.). Op. cit., I, 116, 8.a: Εἶδες ἐν τῷ νῷ τὸ ἀρχέτυπον εἶδος, τὸ προάρχον τῆς ἀρχῆς, τὸ ἀπέραντον).

16. BASTIAN, A. *Das Beständige in den Menschenrassen*. Berlim: [s.e.], 1868; *Der Völkergedanke im Aufbau einer Wissenschaft vom Menschen*. Berlim: [s.e.], 1881; *Ethnische Elementargedanke in der Lehre vom Menschen*. 2 vols. Berlim: [s.e.], 1895.

17. NIETZSCHE, F. *Menschliches, Allzumenschliches*, I, 12 e 13: "... Quando dormimos e sonhamos, repetimos a tarefa da humanidade anterior. ... Creio que da mesma forma que o homem raciocina hoje ao sonhar, a humanidade raciocinou em estado de vigília, através de muitos séculos: a ideia de causa primeira que se apresentou ao seu espírito, para explicar alguma coisa que necessitava ser explicada, bastou-lhe e passou a valer como verdade... No sonho essa parte antiquíssima da existência humana continua a atuar, pois é o fundamento sobre o qual a razão superior se desenvolveu e ainda se desenvolve, em cada homem: o sonho transporta-nos para estados longínquos da cultura humana, colocando em nossas mãos um meio que nos ajuda a compreendê-los melhor".

18. HUBERT, H. & MAUSS, M. *Mélanges d'histoire des religions* (Travaux de l'Année Sociologique). Paris: [s.e.], 1909, p. XXIX: "Constamment presentes dans le langage, sans qu'elles y soient de toute necessite explicites – les catégories –, existent d'ordinaire plutôt sous la forme d'habitudes directrices de la consciense, elles-mêmes inconscientes. La notion de *mana* est un de ces principes: elle est donnée dans le langage; elle est impliquée dans toute une série de jugements et de raisonnements, portant sur des attributs qui sont ceux du mana, nous avons dit que le mana est une catégorie. Mais le mana n'est pas seulement une catégorie spéciale à la pensée primitive, et aujourd'hui, en voie de réduction, c'est encore la forme première qu'ont revêtue d'autres catégories qui fonctionnent toujours dans nos esprits: celle de substance et de cause..." (As categorias, sempre presentes na linguagem, embora não necessariamente explícitas, existem em geral sob a forma de hábitos diretivos da consciência, que também são inconscientes. A noção de *mana* é um desses princípios: é dado na linguagem; acha-se implicado em toda uma série de juízos e raciocínios referentes aos atributos próprios do *mana*. Por isso, dissemos que o *mana* é uma categoria. Mas o *mana* não é somente uma categoria especial do pensamento primitivo e atualmente em vias de redução; é ainda a forma primeira assumida por outras categorias que sempre funcionam em nossos espíritos: as de substância e de causa...)

19. LÉVY-BRUHL, L. *Les fonctions mentales dans les sociétés inférieures*. 2. ed. Paris: [s.e.], 1912.

à teoria do que antes se chamava de ideias originárias ou elementares, "*catégories*" ou "*habitudes directrices de la conscience*" etc.

No segundo sonho acima citado encontramos um arquétipo que ainda não levei em consideração. Refiro-me à estranha disposição das velas acesas, formando quatro pirâmides. Tal disposição sublinha o significado simbólico do número *quatro*, colocando-o no lugar do altar ou da iconástase, isto é, lá onde esperaríamos encontrar as imagens sagradas. Como o templo é chamado "Casa da Concentração", podemos dizer que este aspecto se acha expresso pela imagem ou pelo símbolo que aparece no lugar da adoração. A *tetraktys* (quaternidade), para empregar a expressão pitagórica – se refere, de fato, à "concentração interior", como bem mostra o sonho de nosso paciente. Em outros sonhos, o símbolo se apresenta, em geral, sob a forma de um círculo dividido em quatro partes, ou que contém quatro partes principais. Em outros sonhos da mesma série, o símbolo assume também a forma de um círculo indiviso de uma flor, de uma praça ou de um recinto quadrado, de um quadrilátero, de uma bola, de um relógio, de um jardim simétrico com um chafariz no meio, de quatro pessoas dentro de um bote, ou num avião, ou sentadas em volta de uma mesa, de quatro cadeiras colocadas em redor da mesa, de uma roda de oito raios, de uma estrela de oito pontas, ou do sol, de um chapéu redondo seccionado em oito partes, de um urso com quatro olhos, de uma cela de prisão quadrangular, das quatro estações do ano, de uma casca de noz com quatro amêndoas, do relógio do mundo com o mostrador dividido em 4 x 8 = 32 partes etc.[20]

Estes símbolos quaternários aparecem não menos de setenta e uma vezes, nos quatrocentos sonhos[21]. O exemplo em questão não constitui, sob este aspecto, uma exceção. Observei muitos sonhos em que o número quatro aparece, e em todos o número tinha uma origem inconsciente, ou seja, o sonhador o recebia através do sonho, sem qualquer ideia de seu significado e sem jamais ter ouvido falar

---

20. A respeito da psicologia da *tetraktys*, cf. meus estudos: *Das Geheimnis der goldenen Blüte*, p. 21s.; *Die Beziehungen zwischen dem Ich und dem Unbewussten*, p. 184s. [OC, 7; § 374; cf. tb. HAUER, J.W. *Symbole und Erfahrung des Selbstes in der indo-arischen Mystik*.

21. Há uma série destes sonhos em *Psychologie und Alchemie*, p. 79s. [OC, 12; § 52s.].

acerca do sentido simbólico do número em questão. Naturalmente, se se tratasse do número *três,* seria outra coisa, pois a Trindade representa um número cujo simbolismo é conhecido por todos. Mas para nós e para um cientista moderno, o quatro nada mais diz do que qualquer outro número. O simbolismo dos números e sua venerável história constituem um domínio do saber inteiramente alheio aos interesses espirituais de nosso paciente. Se, em tais condições, os sonhos insistem na importância do número quatro, podemos, com todo o direito, considerar sua origem como inconsciente. No segundo sonho é manifesto o caráter numinoso do quatérnio. A partir deste fato, devemos considerá-lo como possuindo um significado que poderíamos chamar de "sacro". Como o sonhador é incapaz de vincular este caráter a qualquer fonte consciente, aplico um método comparativo para esclarecer seu sentido simbólico. Naturalmente é impossível apresentar uma descrição completa deste método comparativo, nos limites destas conferências. Por isso, devo limitar-me a simples alusões.

Uma vez que muitos dos conteúdos inconscientes são aparentemente resíduos de situações espirituais repetidas ao longo da história, devemos retroceder alguns séculos para atingir aquela etapa da consciência que é paralelamente a de nossos sonhos. No caso mencionado, devemos retroceder menos de trezentos anos para encontrar estudiosos das ciências naturais e filósofos da natureza que, com toda seriedade, discutiam o problema da quadratura do círculo[22]. Este insólito problema constituía, por sua vez, uma projeção psicológica de coisas muito mais antigas e inconscientes. Mas naqueles dias sabia-se que o círculo significava a divindade: *Deus est figura intelectualis, cujus centrum est ubique, circunferentia vero nusquam*[23], como disse um desses filósofos, repetindo Santo Agostinho. Um homem tão introvertido e introspectivo como Emerson[24] mal pôde evitar a mesma ideia e citar também Santo Agostinho. A imagem do círculo

---

22. Excelente exposição do problema se encontra em MAJER, M. *De Circulo Physico Quadrato*, 1616.
23. ("Deus é uma figura espiritual (geométrica), cujo centro se encontra em toda parte e cuja periferia não está em lugar nenhum"). Cf. BAUMGARTNER, M. *Die Philosophie des Alanus de Insulis*. 1896, II, p. 118.
24. EMERSON, R.W. *Essays*. Boston/Nova York: [s.e.], 1903, p. 301s.

que, a partir do *Timeu* de Platão, autoridade suprema da filosofia hermética, tem sido considerada como a mais perfeita forma – "foi atribuída igualmente à substância perfeitíssima, o ouro, e também à *anima mundi* ou *anima media natura*, e à luz da criação inicial. E como o macrocosmo, o grande universo foi feito pelo criador *in forma rotunda et globos*"[25], também a menor das partes do todo, o ponto, possui essa natureza perfeita. Como diz o filósofo: *Omnium figurarum simplicissima et perfectissima primo est rotunda, quae in puncto requiescit*[26]. Essa imagem da divindade, que dorme escondida na

---

25. PLATÃO. *Timeu*, 7; STEEBUS, J.C. *Coelum Sephiroticum*, 1679, p. 15 ("em forma redonda e esférica").

26. STEEBUS, J.C. Op. cit., p. 19 ("A mais simples e a mais perfeita de todas as figuras é, em primeiro lugar, o círculo que repousa em um ponto"). MAJER, M. (*De circulo*, p. 27) diz: "circulus aeternitatis symbolum sive punctum invisibile" (o círculo é um símbolo da eternidade ou o ponto invisível). A respeito do "elemento redondo", cf. *Turba Philosophorum*, Sermo XLI (org. Ruska, p. 148), onde se fala do "rotundum, quod aes in quatuor vertit" (o redondo que transforma o minério em quatro). Segundo Ruska, nas fontes gregas não se encontra nenhum símbolo semelhante a este. Tal afirmação não é absolutamente correta, porque conhecemos um στοιχεῖον στρογγύλον no περὶ ὀργάνων de Zósimo (Berthelot, *Collection des Anciens Alchimistes Grecs*, 1887, III, XLIX, 1). É provável que se trate do mesmo simbolismo no ποίημα de Zósimo (BERTHELOT, op. cit., III, V bis), na forma do περιηχονισμένον que Berthelot traduz como "objet circulaire" (Há, porém, dúvidas justificadas sobre a exatidão desta tradução). Parece-me, pelo contrário, que seria mais certo indicar como paralelo o chamado elemento-ômega de Zósimo, por ele próprio qualificado como "redondo" (Berthelot, III, XLIX, 1). A ideia do ponto criador presente no seio da matéria se acha em Sendivogius, *Novum Lumen;* cf. *Musaeum Hermeticum*, 1678, p. 559. "Est enim in quolibet corpore centrum et locus, vel seminis seu spermatis punctum (Existe, com efeito, um centro ou lugar, isto é, um ponto do germe ou do esperma de cada corpo). Este ponto é chamado de "punctum divinitus ortum" (ponto de origem divina): op. cit., p. 59. Trata-se, aqui, da doutrina da *"Panspermia"*, sobre a qual diz Athanasius Kircher S.J. (*Mundus Subterraneus*, 1678, II, p. 347): "Ex sacris itaque Mosaicis oraculis... constat, conditorem omnium Deum in princípio rerum Materiam quandam, quam nos no incongrue Chaoticam appellamus, ex nihilo creasse... intra quam quicquid... veluti sub πανσπερμία quadam confusum latebat... veluti ex subjacente matéria et Spiritus divini incubitu jam foecundata, postea omnia... eduxerit... Materiam vero Chaoticam non statim abolevit, sed usque ad Mundi consummationem durare voluit, uti in primordiis rerum, ita in hunc usque diem, panspermia rerum omnium refertam..." (Portanto, da sagrada revelação de Moisés... pode-se concluir claramente que Deus, o criador de tudo o que existe, no início da sua obra extraiu do nada uma certa matéria que nós, não de todo inadequadamente, denominamos caótica... e dentro da qual... todas as coisas se achavam escondidas e misturadas... como que numa certa πανσπερμία (universalidade espermática)... e como se depois Ele tivesse extraído tudo dessa matéria preexistente, já fecundada pela ação incubadora do Espírito Santo...

matéria, era aquilo que os alquimistas chamavam de primeiro caos original ou terra do paraíso, ou peixe redondo do mar[27], ou ovo, ou simplesmente *rotundum*. Este círculo tinha a chave mágica que abria a porta da matéria. Segundo o *Timeu*, só o *Demiurgo*, o ser perfeito, é capaz de desfazer a *tetraktys,* o abraço dos quatro elementos[28]. Diz a *Turba Philosophorum*, uma das grandes autoridades a partir do século XIII, que o cobre *rotundum* podia ser dividido em quatro[29]. Assim, o tão procurado *aurum philosophicum* era redondo[30]. As opiniões divergiam precisamente em relação ao modo pelo qual seria possível apoderar-se do Demiurgo adormecido. Alguns esperavam poder capturá-lo sob a forma de *prima matéria,* que continha uma concentração particular ou uma espécie singularmente apropriada dessa substância; outros se esforçavam por criar a substância redonda, mediante uma espécie de síntese chamada *conjunctio*. O autor anônimo do *Rosarium Philosophorum* diz: "Faze do homem e da mulher um círculo redondo; extrai daí um quadrado, e um triângulo a partir deste último. Torna o círculo redondo, e obterás a pedra filosofal"[31].

Mas Ele não eliminou imediatamente essa matéria caótica. Quis que ela se conservasse até o fim dos séculos, como no começo da criação. Assim a matéria, até nossos dias, acha-se impregnada da *panspermia* de tudo o que existe...).
Estas ideias nos devolvem à "descida" ou "queda da divindade" propalada pelos sistemas gnósticos (cf. BUSSEL, F.W. *Religious Thought and Heresy in the Middle Ages*, 1918, p. 554s.); Reitzenstein, *Poimandres,* 1904, p. 50; MEAD, G.R.S. *Pistis Sophia,* 1921, p. 36s.; do mesmo Autor: *Fragments of a Faith Forgotten*, p. 470.

27. "Est im mari piseis rotundus, ossibus et corticibus carens, et habet in se pinguedinem" (Existe no mar um peixe redondo, desprovido de espinhas e escamas, mas com muita gordura [= umidade radical = a anima mundi encerrada na matéria]): *Allegoriae super Turbam",* em *Artis Auriferae,* p. 141.

28. *Timeu,* 7.

29. Cf. nota 26.

30. "Nam ut coelum, quoad visibile.... rotundum in forma et motu... sic Aurum" (Pois assim como o céu, para o observador, tem forma e movimento esféricos, o mesmo se dá com o ouro): MAJER, M. *De circulo,* p. 39.

31. *Rosarium Philosophorum* (em: *Artis Auriferae,* II, p. 261). O tratado é atribuído a Petrus Toletanus, que viveu em Toledo em meados do século XIII. Diz-se que era contemporâneo mais velho, ou irmão de Arnaldus de Vilanova, célebre médico e filósofo. A forma atual do *Rosarium*, baseada na primeira edição de 1550, é uma compilação e provavelmente não é anterior ao século XV, embora algumas partes possam ter surgido em começos do século XIII.

93   Essa pedra miraculosa era simbolizada como um ser vivo de natureza hermafrodita, correspondendo ao *Sphairos* (ser esférico) de Empédocles, ao εὐδαιμονέστατὸς Θεός (deus mais feliz) e ao homem esférico e bissexuado de Platão[32]. Já no começo do século XIV, a pedra de Petrus Bonus era comparada a Cristo como "alegoria"[33]. Mas na *Aurea Hora,* tratado de um certo Pseudo-Tomás do século XIII, o mistério da pedra é considerado mais sublime do que os mistérios da religião cristã[34]. Menciono estas coisas, unicamente para mostrar que, para não poucos de nossos doutos antepassados, o círculo ou a esfera continham o número quatro e significavam uma alegoria da divindade.

94   Da leitura dos tratados latinos se depreende também que o Demiurgo latente, adormecido e oculto, no seio da matéria, é idêntico ao chamado *homo philisophicus:* o segundo Adão[35]. Este último é o homem espiritual, superior, o Adão Cadmo, muitas vezes identificado a Cristo. Enquanto o primeiro Adão era mortal, por ser composto dos quatro elementos perecíveis, o segundo é imortal, por ser composto de uma essência pura e imperecível. Diz o Pseudo-Tomás: *Secundus Adam... de puris elementis in aeternitatem transivit. Ideo quia ex simplici et pura essentia constat, in aeternum manet*[36]. Este mesmo

---

32. *Banquete,* XIV.

33. BONUS, Petrus. In: LACINIUS Janus. *Pretiosa Margarita Novella,* 1546. A respeito da alegoria de Cristo, cf. *Die Lavis-Christus Paralle,* em: *Psychologie und Alchemie.* Op. cit., 1952.

34. Beati Thomae de Aquino, *Aurora sive Aurea Hora.* Texto completo na edição rara de 1625; *Harmoniae Imperscrutabilis Chymico-Philosophicae sive Philosophorum Antiquorum Consentientium Decas* I. A parte interessante do tratado é a primeira, *Tractatus Parabolarum*; devido ao seu caráter blasfematório, foi suprimida da *Artis Auriferae* nas edições de 1572 e 1593. No *Codex Rhenovacensis* da Biblioteca Central de Zurique faltam aproximadamente quatro capítulos do *Tractatus Parabolarum.* O *Codex Parisinus,* Fond Latin 14006 da Biblioteca Nacional de Paris contém um texto completo do *Tractatus Parabolarum.*

35. Um bom exemplo se encontra no comentário de D. Gnosius sobre o *Tractatus Aureus Hermetis* (Reproduzido em: *Theatrum Chemicum,* 1613, IV, d. 672s., e em MANGETUS, J.J. *Bibliotheca Chemica Curiosa,* 1702, I, p. 400s.).

36. Em *Aurea Hora* (cf., acima nota 34) ("O segundo Adão passou dos simples elementos para a eternidade. Por isso, como é constituído de uma essência simples e pura, perdurarão para sempre). Zósimo (BERTHELOT. *Alch. Grecs.,* III, XLXI, 4-5), extraído de uma citação de um tratado hermético, diz que ὁ Θεοῦ υἱὸς παντανενόμενος; é *Adão* ou *Thot,* que se compõe dos quatro elementos e dos quatro pontos cardeais. Cf. *Psychologie und Alchemie,* p. 469s., OC, 12; § 456s.

tratado interpreta a substância em relação à qual o velho mestre Sênior dizia que ela "jamais morre, mas permanece em crescimento contínuo", como o *Adam secundus* (o segundo Adão)[37].

Destas citações podemos concluir que a substância redonda procurada pelos filósofos era uma projeção de índole muito semelhante à do simbolismo de nossos sonhos. Temos testemunhos históricos que nos demonstram que os sonhos, as visões e mesmo as alucinações achavam-se muitas vezes misturados ao *Opus* filosófico[38]. Nossos antepassados, cuja índole espiritual era mais ingênua do que a nossa, projetavam seus conteúdos inconscientes na matéria. Esta podia assimilar facilmente tais projeções, porque constituía nessa época um ser desconhecido e incompreensível. E sempre que o homem depara com alguma coisa enigmática, projeta sobre ela as suas suposições, sem a menor autocrítica. Como hoje em dia conhecemos bastante bem a matéria química, não podemos mais projetar livremente sobre ela, ao modo de nossos antepassados. Finalmente devemos admitir que a *tetraktys* é algo de psíquico, e não sabemos ainda se em futuro próximo ou distante ficará provado que ela constitua também uma projeção. Por enquanto, contentamo-nos com o fato de que uma ideia de Deus – totalmente ausente no espírito consciente do homem moderno – volta a surgir sob uma forma que, há três ou quatro séculos, era um conteúdo da consciência.

É desnecessário ressaltar que o paciente desconhecia esta parte da história do pensamento. Poderíamos dizer, com as palavras de um poeta clássico: *Naturam expellas furca tamen usque recurret*[39].

A ideia destes antigos filósofos era de que Deus se revelou em primeiro lugar na criação dos quatro elementos. Estas eram simbolizados pelas quatro partes do círculo. É assim que lemos num tratado cóptico do *Codex Brucianus*[40], acerca do Filho Unigênito (o *Monogenēs ou Anthropos*): "É este o mesmo que vive na mônada, a qual se encontra no *Setheus* (Criador) e proveio de um lugar que ninguém

---

37. Em *Aurea Hora* (cf., nota 34). Para o texto latino, cf. cap. III, nota 73.
38. Cf. *Psychologie und Alchemie*. Op. cit., p. 338s., OC, 12; § 346s.
39. (HORÁCIO. *Epistolae*, I, X, 24: A natureza acaba sempre voltando, mesmo que seja expulsa a golpes de forcado).
40. BAYNES, C.A. *A Coptic Gnostic Treatise Contained in the Codex Brucianus* – Bruce MS, 96, Bodleian Library. Oxford, Cambridge: [s.e.], 1933, p. 22, 89, 94.

pode dizer onde fica... A mônada veio dele, a modo de um navio carregado de todas as coisas boas, a modo de um campo cheio de todas as espécies de árvores, ou a modo de uma cidade povoada de todas as raças humanas... No véu que a envolve como um muro de proteção, há doze portas... Ela é a cidade-mãe (metrópolis) do Filho Unigênito". Num outro lugar o próprio Anthropos é a cidade, e seus membros são as quatros portas. A mônada é uma centelha luminosa (*spinthēr*), um átomo da divindade. O *Monogenēs* é concebido como se estivesse de pé sobre um tetrápode, uma plataforma sustentada por quatro pilastras, correspondendo ao quatérnio cristão dos evangelistas ou ao *tetramorphus*, à cavalgadura simbólica da Igreja, que corresponde aos símbolos dos quatro evangelistas: o anjo, a águia, o touro e o leão. A analogia com a Nova Jerusalém do Apocalipse também parece evidente.

98 A divisão em quatro, a síntese dos quatro, a aparição miraculosa das quatro cores e as quatro fases da obra: *nigredo, dealbatio, rubefactio* e *citrinitas* constituem a preocupação constante dos antigos filósofos[41]. *O quatro simboliza as partes, as qualidades e os aspectos do Uno*. Mas por que motivo deveria meu paciente repetir estas velhas especulações?

99 Ignoro-o realmente. Sei apenas que não se trata de um caso isolado. Muitos outros casos observados por mim ou por meus colegas produziram espontaneamente o mesmo simbolismo. Não estou afirmando, evidentemente, que este simbolismo tenha surgido há três ou quatro séculos. Só digo que houve uma época em que se discutiu particularmente este assunto. A ideia mesma é muito anterior à Idade Média, como o demonstra o *Timeu* ou *Empédocles*[42]. Não constitui também uma herança clássica ou egípcia, pois podemos encontrá-la igualmente em lugares completamente diversos da terra. Pensemos, por exemplo, na imensa importância que os índios atribuem à quaternidade[43].

---

41. O *Rosarium Philosophorum*, uma das primeiras tentativas sinóticas, oferece uma descrição bastante extensa da quaternidade medieval.
42. Cf. DIELS, H. *Die Fragmente der Vorsokratisher*. 3 vols. 6. ed., Berlim, 1951-1952, Fragm. 61: "Pois primeiro houve as quatro raízes ['ριζώματα] todas as coisas".
43. Cf., por exemplo o quinto e oitavo *Annual Reports of Smithsonian Institution*. Bureau of Ethnology, Washington (1887 e 1892).

Embora o quatro seja um símbolo antiquíssimo, provavelmente pré-histórico[44], sempre relacionado com a ideia de uma divindade criadora do mundo, é surpreendente observar como o homem moderno dificilmente o interpreta dessa maneira. Interessou-me sempre saber o modo pelo qual as pessoas interpretam tal símbolo, de acordo com seus próprios pensamentos, sem uma informação prévia acerca de sua história. Procurando, portanto, com todo cuidado, não influir sobre tais pensamentos, sempre constatei, em geral, que, segundo o modo de pensar dos indivíduos, ele (o quatérnio) os *simboliza a eles mesmos*, ou melhor, a *algo dentro deles mesmos*. Eles o sentem como algo que intimamente lhes pertence, como uma espécie de fundo criador, ou como um sol vivificante nas profundezas do inconsciente. Embora não seja difícil perceber que certas representações de mandalas parecem reproduzir a visão de Ezequiel, raramente tal analogia foi reconhecida, mesmo no caso da pessoa ter conhecimento dessa visão, o que, seja dito de passagem, é muito pouco frequente na atualidade. Aquilo que quase poderíamos chamar de cegueira sistemática resulta do preconceito que considera a divindade *exterior* ao homem. Embora tal preconceito não seja exclusivamente cristão, há certas religiões que dele não compartilham, em absoluto. Pelo contrário, insistem, como o fazem também certos místicos cristãos, na identidade essencial de Deus e do homem, seja sob a forma de uma identidade *a priori*, seja como meta a ser alcançada mediante certos exercícios ou iniciações como as de que nos falam, por exemplo, as *Metamorfoses* de Apuleio, para não mencionar certos métodos iogas.

A aplicação do método comparativo mostra-nos, sem a menor dúvida, que a quaternidade é uma representação mais ou menos direta de um Deus que se manifesta na sua criação. Por isso, poderíamos concluir que o símbolo produzido espontaneamente nos sonhos dos homens modernos indica algo semelhante: o *Deus interior*. Embora a maioria das pessoas não reconheça tal analogia, provavelmente nossa interpretação é correta. Se levarmos em consideração o fato de que a ideia de Deus é uma hipótese "não científica", não será difícil compreender por que os homens esqueceram de pensar nessa direção. E mesmo que tivessem alguma fé em Deus, repeliriam a ideia de um

---

44. Cf. as "rodas solares" paleolíticas (?) da Rodésia.

"Deus interior", devido à sua educação religiosa, que sempre depreciou esta ideia, acusando-a de "mística". Entretanto, é esta ideia "mística" que se impõe à consciência através de sonhos e visões. Como meus colegas, vi tantos casos que desenvolveram tal espécie de simbolismo, que não é mais possível pôr em dúvida sua existência. Além disso, minhas observações remontam ao ano de 1914, e esperei quatorze anos antes de mencioná-las em uma publicação[45].

102   Incorreria em erro lamentável quem considerasse minhas observações como uma espécie de demonstração da existência de Deus. Elas demonstram somente a existência de uma imagem arquetípica de Deus e, na minha opinião, isso é tudo o que se pode dizer, psicologicamente, acerca de Deus. Mas como se trata de um arquétipo de grande significado e poderosa influência, seu aparecimento, relativamente frequente, parece-me um dado digno de nota para a *Theologia naturalis*. Como a vivência deste arquétipo tem muitas vezes, e inclusive, em alto grau, a qualidade do numinoso, cabe-lhe a categoria de experiência religiosa.

103   Não posso deixar de chamar a atenção para o interessante fato de que, enquanto a fórmula do inconsciente representa uma quaternidade, o simbolismo cristão central é o da Trindade. Não há dúvida de que, estritamente falando, a fórmula cristã ortodoxa não é de todo completa, por faltar à Trindade o aspecto dogmático do princípio do mal, embora este leve uma existência separada, mais ou menos precária, sob a forma do demônio. Seja como for, a Igreja não exclui, ao que parece, uma relação interna do demônio com a Trindade. A respeito disto, uma autoridade católica se expressou da seguinte maneira: "Não se pode entender a existência de satanás a não ser a partir da Trindade" – "toda discussão a respeito do demônio que não se refira à consciência trinitária de Deus constitui uma falha em relação à verdadeira realidade"[46]. Segundo esta concepção, o demônio tem *personalidade* e *liberdade* absolutas. Por isso, ele pode ser a "contrapartida de Cristo" verdadeira e pessoal. "Aqui se revela uma nova liberdade da essência de Deus: por ser livre, Ele tolera o demônio a seu lado e permite que seu reino exista para sempre". "A ideia de um demônio

---

45. No comentário referente a *Das Geheimnis der goldenen Blüte,* 1929 (*O segredo da flor de ouro*).
46. KOEPGEN, G. *Die Gnosis des Christentums*, p. 189 e 190.

poderoso é incompatível com a representação de Javé, mas não com a representação trinitária. No mistério do Deus em três pessoas, se revela uma nova liberdade divina nas profundezas de seu ser, que também possibilita a ideia de um demônio pessoal junto a Deus e contra ele"[47]. Por conseguinte, o demônio tem uma personalidade autônoma, liberdade e eternidade e possui estas qualidades metafísicas em comum com a divindade, de tal modo que pode, inclusive, existir contra Deus. De acordo com isto, não se poderia negar que a relação do demônio com a Trindade e mesmo sua pertinência (negativa) constituem uma ideia católica.

A inclusão do demônio na quaternidade não é, em absoluto, uma especulação moderna ou um produto inaudito do inconsciente. Encontramos num filósofo da natureza e médico do século XVI, Gerardus Dorneus, uma discussão pormenorizada em que contrapõe o símbolo da Trindade à quaternidade, sendo esta última atribuída ao demônio. Dorneus rompe com toda a tradição quando, numa atitude rigorosamente cristã, defende o ponto de vista segundo o qual o três é o Uno, e não o quatro, que alcança sua unidade na *Quinta Essentia*. Segundo este autor, a quaternidade é, de fato, *diabolica of raus* (engano do diabo). Assim, ele acha que o demônio, por ocasião da queda dos anjos, *in quaternariam et elementariam regionem decidet* (foi precipitado na região da quaternidade e dos elementos). Ele dá-nos também uma descrição minuciosa da operação simbólica mediante a qual o demônio criou a "serpente dupla" (a dualidade) de quatro chifes (quaternidade). A bem dizer, a dualidade é o próprio demônio, o *quadricornutus binarius* (o binário de quatro chifres)[48].

104

---

47. Ibid., p. 185s.
48. Dorneus acha que no segundo dia da criação, ao separar as águas superiores das águas inferiores, Deus criou o binário (dualidade) e, por isso, ao entardecer do segundo dia, não disse – como nos outros dias – "que tudo era bom". Para este autor, a emancipação da dualidade deu origem à "desorientação, à separação e às desavenças". Do binário surgiu "sua prole quaternária". Como a dualidade é feminina, significa *Eva*, enquanto a tríade corresponde a *Adão*. Por isso, o diabo tentou Eva em primeiro lugar, "Scivit enim (diabolus), ut omni astutia plenus, Adamum unario insignitum; hac de causa primum non est aggressus, dubitavit mimirum se nihil efficere posse: item non ignoravit Evam a viro suo divisam tanquam naturalem binarium ab unario sui ternarii. Proinde a similitudine quadam binarii ad binarium... armatus, in mulierem fecit impetum. Sunt enim omnes numeri pares feminei, quorum initium duo sunt, Evae proprius et primus numerus" (Ele [o diabo], cheio de astúcia, sabia com efeito que Adão fora assina-

105   Como a ideia de um Deus idêntico ao homem individual é bastante complexa, chegando perto da heresia[49], o "Deus interior" também representa uma dificuldade dogmática. Mas a quaternidade tal como é produzida pela psique moderna de forma muito direta, refere-se não somente a um Deus interior, como também à identidade de Deus com o homem. Em contraposição ao dogma, existem aqui quatro aspectos, e não três. Seria fácil concluir que o quarto aspecto representa o demônio. Embora tenhamos a palavra do Senhor: "Eu e meu Pai somos um, quem me vê, vê o Pai", seria uma blasfêmia ou uma loucura realçar a humanidade dogmática de Cristo de tal forma que o próprio homem pudesse identificar-se com Cristo e com sua *Homoousia* (identidade de substância)[50]. Mas parece que o símbolo natural se refere precisamente a isto. Consequentemente, e de um ponto de vista ortodoxo, a quaternidade natural poderia ser qualificada de *diabolica fraus* (engano diabólico), e a principal prova disto seria a assimilação do quarto aspecto, que representa a parte condenável do cosmos cristão. Minha opinião é que a Igreja deve repelir qualquer tentativa de levar a sério tais resultados. E é até mesmo possível que deva condenar qualquer tentativa de aproximação em rela-

---

lado com a marca do *um;* por isso, não o assediou em primeiro lugar, pois não tinha a certeza de que poderia conseguir algo. Mas sabia também que Eva tinha sido separada de seu marido, à semelhança do número binário que se separa da unidade do número três. Por isso, apoiado numa certa semelhança do número dois com o número um... decidiu atacar a mulher. Efetivamente, todos os números pares são femininos e sua base é o número dois, correspondendo Eva a este primeiro número [par]). DORNEUS. De Tenebris contra Naturam et Vita Brevi. *Theatrum Chemicum*, I, p. 527. (Neste tratado e no seguinte, *De Duello Animi cum Corpore*. Op. cit., 535s., encontra-se tudo o que aqui foi citado. O leitor deve ter notado que Dorneus descobre, com grande astúcia, que o número binário é o secreto *parentesco entre o diabo e a mulher*. É ele o primeiro a mostrar a discrepância que há entre a trindade e a quaternidade, entre Deus, enquanto espírito, e a natureza empedocliana, cortando, com isso, o fio vital da projeção alquimista –, mas inconscientemente! Por conseguinte, diz também que o quaternário é o "infidelium medicinea fundamentum" (a base da medicina pagã). Abstemo-nos aqui de decidir se, com o termo "infideles", ele alude aos árabes ou aos antigos pagãos. De qualquer modo, Dorneus pressentiu na quaternidade algo de contrário a Deus, relacionando-o com a natureza feminina. Sobre este ponto, remeto o leitor interessado à minha exposição sobre a *"virgo terra"*, algumas páginas adiante.

49. Não me refiro ao dogma da natureza humana de Cristo.

50. A identificação nada tem a ver com a ideia católica da assimilação da vida humana individual à vida de Cristo, nem com a absorção do indivíduo no *corpus mysticum* da Igreja. Pelo contrário, é o oposto desta ideia.

ção a essas experiências, pois não pode permitir que a natureza reúna aquilo que ela separou. Percebe-se claramente a voz da natureza em todas as experiências vinculadas à quaternidade, e isto desperta a antiga suspeita contra tudo aquilo que lembre o inconsciente, por mais remotamente que seja. O estudo científico dos sonhos é a antiga oniromancia com novas roupagens e talvez, por isso, seja tão condenável como as demais artes "ocultas". Nos tratados alquimistas encontramos paralelos próximos ao simbolismo dos sonhos, e estes são tão heréticos quanto os primeiros[51]. Parece que aí está uma das razões essenciais para manter tais conceitos em segredo, ocultando-os com metáforas protetoras[52]. Os enunciados simbólicos da antiga alquimia, do mesmo modo que os sonhos modernos, provêm do mesmo inconsciente e em ambos se revela a voz da natureza.

Se vivêssemos ainda em condições medievais, época em que havia poucas dúvidas acerca das coisas derradeiras, quando a história universal começava com o Gênesis, seria fácil deixar de lado os sonhos e coisas semelhantes. É pena que vivamos em condições modernas num momento em que todas as coisas derradeiras são postas em dúvida, e em que se conta com uma pré-história consideravelmente longa, tendo as pessoas a plena consciência de que se existe alguma experiência numinosa, é a experiência da psique. Já não podemos imaginar um *Empyreum* girando em redor do trono de Deus e nem nos sonhos iríamos procurar Deus nalgum lugar além da Via Láctea. Entretanto, temos a impressão de que a alma humana esconde segredos, visto que para o empírico todas as experiências religiosas consistem num estado especial da alma. Se quisermos saber alguma coisa a respeito do significado da experiência religiosa para aqueles que a têm, contamos atualmente com todas as possibilidades de estudá-la sob todas as formas imagináveis. E se ela significa alguma coisa para

---

51. Remeto o leitor principalmente às obras que contêm lendas alquimistas (narrações didáticas). Um bom exemplo, neste sentido, nos é oferecido por MAJER, M. *Symbola aureae mensae*, 1617, que contém a *Peregrinatio symbolica*, p. 569s.

52. Até onde vão meus conhecimentos, a literatura alquimista não contém nenhuma queixa referente a qualquer perseguição por parte da Igreja. Os autores, em geral, aludem ao tremendo segredo do Magistério como pretexto para nada revelarem de seus ensinamentos.

aqueles que a têm, este algo é: "tudo". Esta é, pelo menos, a conclusão inevitável a que chegamos depois de um estudo minucioso das provas. Poderíamos até mesmo defender a experiência religiosa como aquela que se caracteriza por seu extremo valor, independentemente de seu conteúdo. A atitude espiritual do homem moderno que se colocar sob o veredicto do *extra ecclesiam nulla salus* (fora da Igreja não há salvação), será de voltar-se para a alma como sua última esperança. Onde, a não ser nela, poderia obter a experiência? A resposta a esta pergunta será aproximadamente do teor já descrito por mim. A voz da natureza responderá, e todos aqueles que se preocupam com o problema espiritual do homem se defrontarão com problemas novos e desconcertantes. Devido ao desamparo espiritual de meus pacientes vi-me obrigado a fazer uma séria tentativa de compreender pelo menos alguns dos símbolos produzidos pelo inconsciente. Como nos levaria demasiado longe a discussão detalhada das consequências tanto éticas como intelectuais, devo contentar-me com simples indicações.

107   As principais figuras simbólicas de uma religião constituem sempre a expressão da atitude moral e espiritual específica que lhe são inerentes. Cito, por exemplo, a cruz e seus diversos significados religiosos. Outro símbolo principal é o da Trindade. Seu caráter é exclusivamente masculino. O inconsciente, no entanto, o transforma em quaternidade, que é, ao mesmo tempo, uma unidade, da mesma forma que as três pessoas da Trindade são um só e o mesmo Deus. Os antigos filósofos da natureza representavam a Trindade – enquanto *imaginata in natura* (imaginada através da natureza) – como os três *asomata, spiritus* ou *volatilia,* ou seja, água, ar e fogo. A quarta parte integrante era o *somaton,* a terra ou o corpo. Eles simbolizavam esta última por meio da Virgem[53]. Desta maneira, acrescentaram o ele-

---

53. Cf. *Psychologie und Alchemie* (OC, 12), seção 232 (exemplos tirados de REUSNER, H. Op. cit. A glorificação do corpo sob a forma da Assunção de Maria ao céu). Agostinho também simbolizou a Virgem por meio da terra: "Veritas de terra orta est, Christus de virgine natus est" (A verdade surgiu da terra porque Cristo nasceu da Virgem): Sermones 189, II, em: MIGNE, J.P. *Patr. lat.* T. 38, col. 1.006. O mesmo faz Tertuliano: "Illa terra virgo nondum pluviis rigata nec imbribus foecundata..." (Aquela terra virgem ainda não fora irrigada pela chuva, nem fecundada pela torrente): *Adversus Judaeos,* 13; em MIGNE, J.P. *Patr. lat.* T. 2, col. 635.

mento feminino à sua Trindade física, criando, assim, a quaternidade ou o círculo quadrado, cujo símbolo era o *Rebis* hermafrodita[54], o *filius sapientiae* (o filho da sabedoria). Não há dúvida de que o quarto elemento dos filósofos medievais se referia à terra e à mulher. Não se mencionava abertamente o princípio do mal, mas este aparecia no caráter venenoso da *prima materia*, assim como em outras alusões. Nos sonhos modernos, a quaternidade é uma criação do inconsciente. Como já expliquei no primeiro capítulo, o inconsciente, muitas vezes, é personificado pela *anima,* uma figura feminina. Ao que parece, o símbolo da quaternidade provém dela. Assim, pois, ela seria a *matriz,* a terra-mãe da quaternidade, uma *Theotokos* ou *Mater Dei* (Mãe de Deus), do mesmo modo pelo qual a terra foi considerada como a mãe de Deus. Mas como a mulher, da mesma forma que o mal, são excluídos da divindade no dogma da Trindade, o elemento do mal constituiria uma parte do símbolo religioso, se este último fosse uma quaternidade. Não é preciso um esforço especial da fantasia para adivinhar as imensas consequências espirituais deste simbolismo.

---

54. "Formada de duas coisas", isto é, a pedra (Lapis Philosophorum), que reúne em si a natureza masculina e feminina (Cf. *Psychologie und Alchemie*. Op. cit., seção 125). [OC, 12].

III

História e psicologia de um símbolo natural

108 Ainda que não pretenda desencorajar a curiosidade filosófica, prefiro não me perder numa discussão dos aspectos éticos e intelectuais do problema colocado pelo símbolo da quaternidade. Sua importância psicológica é, sem dúvida alguma, notável, especialmente sob o ponto de vista prático. É verdade que não nos ocupamos aqui de psicoterapia, e sim do aspecto religioso de certos fenômenos psíquicos, mas devo frisar que foram investigações psicopatológicas que me levaram a exumar símbolos e figuras históricas da poeira de seus sepulcros[1]. Quando era ainda um jovem psiquiatra, não tinha a menor ideia de que um dia viesse a fazer algo de semelhante. Não levarei a mal se alguém achar que a longa exposição a respeito do símbolo da quaternidade, do *circulus quadratus* e das tentativas heréticas de completar o dogma da Trindade, é demasiado extensa e rebuscada e, além disso, enfática. Na realidade, tal discurso sobre a quaternidade não passa de uma introdução, lamentavelmente breve e insuficiente, à última parte (e remate de toda questão) do caso que escolhi à guisa de exemplo.

109 Já bem no começo de nossa série de sonhos aparece o círculo. Ele toma, por exemplo, a forma de uma serpente que descreve um círculo em torno do sonhador[2]. Em sonhos ulteriores, aparece como relógio, como círculo com um ponto central, como alvo circular para exercícios de tiro, como relógio que representa o *Perpetuum mobile*, como bola, como esfera, como mesa redonda, como casca etc. Quase na mesma época, o quadrado adota a forma de uma praça ou jardim

---

1. *Wandlungen und Symbole der Libido.* Nova edição: *Symbole der Wandlung*, 1952.
2. Repetição de antigo símbolo do οὐροβόρος, "daquele que devora a própria cauda".

quadrangular com um chafariz no meio. Um pouco mais tarde o quadrado aparece em ligação com um movimento circular:[3] pessoas que passeiam dentro de um quadrado; uma cerimônia mágica (a transformação de animais em seres humanos) é realizada num recinto em cujos ângulos há quatro serpentes, com pessoas circulando ao redor desse recinto; o sonhador, dentro de um táxi, anda em volta de uma praça quadrangular; uma cela quadrada; um quadrado vazio em rotação etc. Em outros sonhos, o círculo é representado pela rotação: por exemplo, quatro crianças seguram um "anel escuro" e caminham descrevendo um círculo. O círculo aparece também combinado com a quaternidade, como uma travessa de prata com quatro nozes nos quatro pontos cardeais, ou como uma mesa com quatro cadeiras à volta. O centro parece especialmente acentuado. É simbolizado por um ovo no centro do anel, por uma estrela que gira em círculo, os quatro pontos cardeais, as quatro estações do ano; pelo polo, ou por uma pedra preciosa etc.

Todos estes sonhos terminavam numa imagem que se apresentava ao paciente como uma impressão visual repentina. Em várias ocasiões, ele já percebera tais imagens ou visualizações fugazes, mas desta vez se tratava de uma experiência sumamente impressionante. Como ele mesmo diz: "Foi uma impressão da mais sublime harmonia". Num caso como este não se trata, absolutamente, de saber qual é a *nossa* impressão ou o que *nós* pensamos a respeito. Interessa unicamente saber o que o sujeito sente em tal situação. É *sua* experiência, e se ela exerce influência essencial sobre seu estado, qualquer argumentação em contrário não tem sentido. Ao psicólogo não resta senão tomar conhecimento do fato e, desde que se sinta à altura da tarefa, poderá também tratar de compreender a razão pela qual a visão agiu sobre essa pessoa e precisamente desse modo. A visão a que nos referimos constituiu um momento decisivo no desenvolvimento psicológico do paciente.

---

3. Um paralelo oriental é o "movimento circular da luz", de que se fala no tratado alquimista chinês: *Das Geheimnis der goldenen Blüte* (*O segredo da flor de ouro*), publicado por Wilhelm e Jung.

Eis aqui o relato literal da visão:

111 *"É um círculo vertical e outro horizontal, com um centro comum. É o relógio do universo, carregado pelo pássaro negro*[4].

O círculo vertical é um disco azul com a borda branca, dividido em 4x8=32 partes. Sobre o qual gira um ponteiro.

O círculo horizontal é de quatro cores. Sobre ele se acham quatro homúnculos com pêndulos, e ao seu redor se encontra o anel, anteriormente escuro e agora de ouro (antes carregado por quatro crianças).

O 'relógio' tem três ritmos ou pulsações:

1) a pulsação pequena: o ponteiro do círculo vertical azul, adiantado 1/32;

2) a pulsação média: uma rotação completa do ponteiro; simultaneamente, o círculo horizontal adianta 1/32;

3) a pulsação grande: 32 pulsações médias constituem uma volta completa do anel de ouro".

112 Esta visão reúne todas as indicações dos sonhos anteriores. Parece representar a tentativa de chegar a um conjunto significativo, que agora agrupe os símbolos fragmentários de antes, caracterizados por círculo, esfera, quadrado, rotação, relógio, estrela, cruz, quaternidade, tempo etc.

113 Naturalmente é difícil compreender como esta figura abstrata desperta o sentimento da "mais sublime harmonia". Porém, se pensarmos nos dois círculos do *Timeu* de Platão e na harmoniosa forma esférica de sua *anima mundi*, talvez não seja difícil encontrar o caminho que leve a esta compreensão. Além disto, a ideia de "relógio do universo" evoca a antiga concepção da harmonia musical das esferas. Tratar-se-ia, portanto, de uma espécie de sistema cosmológico. Se fosse uma visão do firmamento ou de uma rotação silenciosa ou do movimento contínuo do sistema solar, seria fácil compreender e apreciar a harmonia perfeita da imagem. Podemos também admitir que a visão platônica do cosmos transparece através do nevoeiro da

---

4. "pássaro negro" se refere a uma visão anterior, na qual uma *águia negra* levou um anel de ouro (Toda esta visão é discutida em *Psychologie und Alchemie* [OC, 12; § 307s.].

consciência onírica. Mas nesta visão há *algo* que não concorda inteiramente com a perfeição harmoniosa da imagem platônica. Os dois círculos são diferentes quanto à sua natureza. E diferem não só pelo movimento, como também pela cor. O círculo vertical é *azul*, e o horizontal, que inclui quatro cores, é *dourado*. É bem provável que o círculo azul simbolize a esfera azul do firmamento, ao passo que o horizontal representaria o horizonte com os quatro pontos cardeais, personificados pelos quatro homúnculos, e caracterizados pelas quatro cores (Num sonho anterior, os quatro pontos foram representados, uma vez, por quatro crianças e outra, pelas quatro estações do ano). Esta imagem nos recorda imediatamente as representações medievais do mundo sob a forma de um círculo ou na figura do *Rex Gloriae* (Rei da Glória), com os quatro evangelistas ou a *melotesia*[5], nas quais o horizonte era formado pelo zodíaco. A representação do Cristo triunfante parece ter alguma afinidade com imagens semelhantes de Hórus e seus quatro filhos[6]. No Oriente, encontramos também certas analogias: os mandalas ou círculos budistas, quase sempre de origem tibetana. Em geral, consistem em um *padma* redondo ou lótus, que contém um edifício sagrado de forma retangular, com quatro portas, indicando os quatro pontos cardeais e as estações do ano. No centro encontra-se um Buda, ou mais frequentemente, a união de Shiva com sua shakti, ou o equivalente símbolo do *dorje* (belemnita)[7]. São *yantras* ou instrumentos rituais que servem para a contemplação e para a transformação da consciência do iogue na consciência divina do todo[8].

Por mais óbvias que sejam estas analogias, elas não satisfazem inteiramente, pois acentuam de tal forma o centro, que parecem servir exclusivamente para destacar a importância da figura central. Em nosso caso, porém, o *centro* está *vazio*. Não consiste senão em um

---

5. Os conhecidos "homúnculos das veias" são *melothesiae*.
6. BUDGE, W. *Osiris and the Egyptian Resurrection*, I, p. 3; *The Egyptian Book of the Dead* (facsimile), 1899, Pl. 5. Num manuscrito do século VII (Gellone) os quatro evangelistas, em vez de aparecerem com cabeças humanas, são representados com as cabeças de seus animais simbólicos.
7. Um exemplo em: *Das Geheimnis der goldenen Blüte* (O segredo da flor de ouro).
8. Kazi Dawa-Samdup. *Shrichakrasambhāra Tantra*. Vol. 7., 1919 [Org. Arthur Avalon].

ponto matemático. Os paralelos mencionados retratam a divindade que cria ou que domina o mundo, ou então o homem em sua dependência das constelações celestes. Nosso símbolo, no entanto, é um relógio que simboliza o tempo. A única analogia que conheço deste símbolo é o horóscopo. Ele também tem quatro pontos cardeais e um centro vazio. Outra correspondência singular é o movimento de rotação, mencionado nos sonhos anteriores e descrito como se realizando da direita para a esquerda. O horóscopo é constituído de doze casas, cuja numeração se processa no sentido contrário ao dos ponteiros de um relógio.

115   Mas o horóscopo é constituído por um único círculo e, além do mais, não implica contraste algum entre dois sistemas evidentemente divergentes. Por isso o horóscopo não oferece uma analogia satisfatória, embora lance alguma luz sobre o aspecto temporal de nosso símbolo. Se não possuíssemos o tesouro do simbolismo medieval, ver-nos-íamos obrigados a desistir de nossos esforços, no sentido de encontrar fenômenos psicológicos paralelos. Uma coincidência feliz me pôs em contato com um autor pouco conhecido do início do século XIV, Guillaume de Digulleville, prior de um mosteiro de Châlis e poeta normando que, entre 1330 e 1335, escreveu três *Pélerinages* (Peregrinações)[9]. Elas se chamam: *Le Pélerinage de la Vie Humaine, de l'Âme et de Jésus Christ* (Peregrinação da Vida Humana, da Alma e de Jesus Cristo). No último *Chant du Pélerinage de l'Âme* (Cântico da Peregrinação da Alma), encontramos uma visão do paraíso.

116   O paraíso é formado por quarenta e nove esferas giratórias, chamadas *siècles* (séculos), os protótipos ou arquéticos dos séculos terrestres. Mas, conforme explica o anjo que serve de guia a Guillaume, a expressão eclesiástica *in saecula saeculorum* refere-se, não ao tempo comum, mas à eternidade. Um céu de ouro rodeia todas as esferas. Quando Guillaume levantou os olhos para o céu de ouro, percebeu subitamente um pequeno círculo cor de safira, com três pés de diâmetro. A respeito deste círculo, diz o autor: *Il sortait du ciel d'or en un point et y rentrait d'autre part et il en faisait tout de tour* (Ele saía

---

9. DELACOTTE, J.A. *Guillaume de Digullevile...* Trois romans-poèmes du XIVeme siècle. Paris: [s.e.], 1932.

do céu em determinado ponto e tornava a entrar, por outro, dando uma volta completa). Evidentemente, o círculo azul, à semelhança de um disco, corria em cima de um círculo grande e cortava a esfera dourada do céu.

Aqui estamos diante de dois sistemas diferentes, um de ouro e outro azul, um atravessando o outro. O que significa o círculo azul? O anjo volta a explicar a Guillaume, que está admirado:

> Ce cercle que tu vois est le calendrier,
> Qui en faisant son tour entier,
> Montre des Saints les journées,
> Quand elles doivent être fêtées.
> Chacune étoile y est pour jour
> Chacun soleil pour Vespace
> De jours trente ou zodiaque[9a].

O círculo azul é o *calendário* eclesiástico. Portanto, encontramos aqui um outro paralelo – o elemento *tempo*. Lembremo-nos de que o tempo é caracterizado ou medido, em nossa visão, por três pulsações ou ritmos. Além disso, enquanto o autor olha para o círculo azul, aparecem de repente *três* espíritos vestidos de púrpura. O anjo explica-lhe que, nesse momento, se celebra a festa desses três santos, e pronuncia um discurso acerca de todo o zodíaco. Ao chegar a peixes, menciona a festa dos doze pescadores, que precede à da Santíssima Trindade. Neste ponto, Guillaume o interrompe e confessa ao anjo que jamais compreendeu inteiramente o símbolo da Trindade. Pede-lhe a gentileza de explicar esse mistério. A isto o anjo responde: *Or, il y a trois couleurs principales: le vert, le rouge et l'or* (Ora, há três cores principais, o verde, o vermelho e o ouro). Estas cores podem ser vistas juntas na cauda do pavão. E acrescenta; *Le roi de toute puissance, qui met trois couleurs en unité, ne peutil faire aussi qu'une substance soit trois?* (O rei todo-poderoso, que reduz três cores à unidade, não pode fazer também com que uma substância seja três?) A cor de ouro, diz ele, pertence ao Pai, o vermelho ao Filho e o verde

---

[9a]. "Este círculo que vês é o calendário. / Que dando a volta inteira / Mostra os dias dos Santos / Quando devem ser celebrados. / Cada estrela corresponde ali a um dia, / Cada sol, ao espaço / De trinta dias ou zodíaco".

ao Espírito Santo[10]. Então o anjo adverte o poeta que não pergunte mais, e desaparece.

119 Pela informação do anjo sabemos, felizmente, que o *três* se relaciona com a Trindade. E assim também sabemos que nossa digressão anterior, no domínio da especulação mística, não é de todo errônea. Ao mesmo tempo deparamos com o motivo das cores, mas, infelizmente, nossa paciente tem quatro, enquanto Guillaume, ou melhor, o anjo, só fala de três: ouro, vermelho e verde. Poderíamos citar aqui as palavras de Sócrates: "Um, dois, três – e o quarto, onde é que está?"[10a] Ou então poderíamos citar as palavras correspondentes da segunda parte do *Fausto* de Goethe, na cena dos Cabiros, quando estes erguem do mar aquela misteriosa e "severa figura".

120 Os quatro homúnculos de nossa visão são anões ou Cabiros. Representam os quatro pontos cardeais e as quatro estações do ano, como as quatro cores e os quatro elementos. Tanto no *Timeu* como no *Fausto* e no *Pèlerinage* parece ocorrer alguma coisa com o número quatro. A quarta cor que falta é, evidentemente, o *azul*. É essa a cor que pertence à série "ouro, vermelho e verde". Por que falta o azul? O que não concorda com o calendário, ou com o tempo, ou com a cor azul?[11]

---

10. O Espírito Santo é o autor da *viriditas*. Cf. mais adiante.

10a. PLATÃO. *Timeu*. Op. cit.

11. Em Gerardus Dorneus se encontra também a ideia das figuras circulares que se entrecortam e se estorvam mutuamente: a saber, o sistema circular da Trindade, de um lado, e do outro, a tentativa diabólica de chegar a um sistema próprio. Assim se diz: "Notandum porro, centram esse unarium, et circulum eius esse ternarium, quicquid autem inseritur inter centram, et *inclusam intrat monarchiam, vro binario habendum est, sive circulus alius*... aut quaevis figura sit" (Além disto, deve-se notar que o centro é, um e sua circunferência o três, ao passo que tudo o mais que penetre até o centro e atinja o domínio da unidade nela inclusa, deve ser considerado como dois, quer se trate de um outro círculo ou de qualquer outra figura) (geométrica). Diz também que o diabo fabricou para si mesmo algo semelhante ao compasso, e com ele tentou desenhar um sistema circular, mas falhou (por determinadas razões), e só conseguiu finalmente a "figura serpentis duplicis cornua quatuor erigentis, et inde monomachiae regnum divisum in se ipsum" (a figura de uma serpente dupla com quatro chifres e, por conseguinte, o domínio de uma monomaquia de um reino dividido contra si mesmo). Como o binarius in persona (o número dois personificado), o demônio era absolutamente incapaz de produzir alguma coisa (De Duello. *Theatrum Chemicum*, I, p. 547). O diabo aparece como imitador ἀντίμιμος já na alquimia de Zósimo (BERTHELOT. *Alch. Grecs*, III, XLIX, 9. Cf. tb. SCHMIDT, C. *Pistis Sophia*. Leipzig: [s.e.], 1925, passim).

O velho Guillaume deparou sem dúvida com idêntico problema: "São três, mas onde está o quarto?" Ele sente-se curioso por saber alguma coisa a respeito da Trindade que – segundo afirma – jamais compreendera completamente. E é um tanto suspeito o fato do anjo mostrar tanta pressa em retirar-se antes que Guillaume proponha novas perguntas embaraçosas.

Pois bem, suspeito que Guillaume estava bastante inconsciente quando viu o céu se abrir; caso contrário, teria certamente tirado algumas conclusões acerca do que ali pôde observar. Mas o que viu, afinal? Em primeiro lugar, viu as esferas, ou *siècles*, habitadas por aqueles que haviam alcançado a bem-aventurança eterna. Depois, contemplou o céu de ouro, o *ciel d'or*; ali se encontrava o Rei dos céus num trono de ouro e a seu lado a Rainha dos Céus, num trono redondo de cristal *marrom*. Este último detalhe se refere à opinião de que Maria subiu ao céu com seu corpo – único ser mortal, cuja alma reuniu-se ao corpo antes da ressurreição universal dos mortos. Nesta representação, como em outras do mesmo estilo, o rei é o Cristo triunfante, em união com sua esposa, a Igreja. Acontece, porém, – e este é o aspecto mais importante –, que Cristo como Deus é também, e ao mesmo tempo, a Trindade, que se transforma em quaternidade, com o acréscimo de uma quarta pessoa, a rainha. O par real representa, de forma ideal, a unidade dos dois sob o domínio do uno – *binarius sub monarchia unarii*, como diria Dorneus. Além disto, no cristal marrom, aquela *regio quaternária et dementaria* (região da quaternidade e dos elementos), na qual outrora havia caído o *binarius quadricornutus* (o binário de quatro chifres), se acha elevada à condição de trono da suprema intercessora. Com isso, a quaternidade dos elementos naturais aparece não somente na mais estreita proximidade do *corpus mysticum* da Igreja desposada, ou da Regina coeli [Rainha dos Céus] (muitas vezes é difícil distinguir uma da outra), como também em imediata relação com a Trindade[12].

---

12. Um encontro estranho do três com o quatro é a alegoria de Maria com os três jovens da fornalha ardente, onde aparece uma quarta pessoa que é interpretada como sendo o Cristo, numa obra de Wernher von Niederrhein. Cf. SALZER, A. *Die Sinnbilder und Beiworte Mariens in der deutschen Literatur u. lateinischen Hymnpoesie des Mittelalters*. Linz: [s.e.], 1886, p. 21s.

123   O *azul* é a cor do manto celeste de Maria. Ela é a *terra* coberta pelo céu azul[13]. Mas por que não se faz menção à Mãe de Deus? De acordo com o dogma ela não é divina, mas apenas *beata* (bem-aventurada). Além disso, representa a terra, que é também o corpo e sua obscuridade. Este é o motivo pelo qual ela, a criatura cheia de graça, intercessora plenipotenciária de todos os pecadores (e apesar de sua posição privilegiada, a virtude angélica do *non posse peccare* – do não poder pecar), se acha, para com a Trindade, numa relação que a razão humana não pode captar, ao mesmo tempo, próxima e distante. Na medida em que é *matrix*, receptáculo e terra, quer dizer, aquilo que contém, ela é, para a intuição alegorizante, o *redondo*, assinalado pelos quatro pontos cardeais, ou seja, o orbe terrestre com as quatro estações celestes, escabelo da divindade, quadrado da cidade santa, ou "flor do mar" na qual Cristo se esconde[14] – numa palavra, o *mandala*. Na representação tântrica do Lótus, por razões facilmente compreensíveis, o mandala é *feminino*. O lótus é o eterno lugar do nascimento dos deuses. Corresponde à *rosa* ocidental na qual está sentado o *Rex gloriae* (Rei da glória), muitas vezes sobre a base dos quatro evangelistas, que correspondem aos quatro pontos cardeais.

124   Partindo desta preciosa passagem de psicologia medieval, podemos formar uma ideia acerca do significado do mandala de nosso paciente. Ele reúne os "quatro", que funcionam harmonicamente. Meu paciente foi educado na fé católica e se achava, portanto, sem o suspeitar, diante do mesmo problema que constituiria para o velho Guillaume uma espécie de quebra-cabeça. Realmente, foi um grande problema para a Idade Média o mistério da Trindade, por um lado e por outro o reconhecimento apenas condicional do elemento feminino da terra, do corpo e da matéria que, no entanto, sob a forma do ventre de Maria, foram a sede sagrada da divindade e o instrumento imprescindível da obra divina da redenção. *A visão do meu paciente é uma resposta simbólica a uma questão que remonta há séculos.* Seria esta, talvez, a razão mais profunda pela qual a imagem do relógio do universo nele produziu uma impressão de "suma harmonia". Era a

---

13. Cf. EISLER, R. *Weltenmantel und Himmelszelt*, 1910, I, 855s.
14. SALZER, A. Op. cit., p. 66s.

primeira indicação de uma possível solução para o devastador conflito entre matéria e espírito, entre os apetites deste mundo e o amor a Deus. O compromisso pobre e ineficaz que se verifica no sonho da Igreja se acha completamente superado nesta visão mandálica, na qual se reconciliam todos os opostos fundamentais. Se é lícito aludir, neste contexto, à antiga ideia dos pitagóricos, segundo a qual a alma é um quadrado[15], o mandala exprimiria a divindade, mediante o ritmo tríplice, e a alma, mediante a quaternidade estática, o círculo dividido em quatro cores. Assim, o significado íntimo da visão nada mais seria que *a união da alma com Deus*.

Na medida em que o relógio do universo representa a quadratura do círculo e o *Perpetuum mobile* (o movimento perpétuo), essas duas preocupações do espírito medieval encontram sua expressão adequada em nosso mandala. O círculo de ouro e seus conteúdos representam a quaternidade sob a forma dos quatro Cabiros e das quatro cores, ao passo que o círculo azul representa a Trindade e o movimento do tempo, segundo Guillaume. Em nosso caso, o ponteiro do círculo azul tem um movimento mais rápido, enquanto o círculo de ouro se movimenta vagarosamente. No céu de ouro de Guillaume, o círculo azul parece um tanto incongruente, mas em nosso caso os círculos se unem de forma harmoniosa. A Trindade é a vida, a "pulsação" de todo o sistema, com um ritmo ternário que, no entanto, se constrói sobre o número trinta e dois, múltiplo de quatro. Isto corresponde ao conceito anteriormente expresso segundo o qual a quaternidade aparece como a *conditio sine qua non* do nascimento de Deus e portanto da vida interna da Trindade, em geral. O círculo e a quaternidade, de um lado, e o ritmo ternário, de outro, se interpenetram, de modo que um se acha contido no outro. Na versão de Guillaume, a Trindade é evidente, mas a *quaternidade* está oculta na *dualidade* do Rei e da Rainha dos Céus. Além disso, a cor azul não pertence à rainha, mas ao calendário que representa o tempo e é caracterizado por atributos trinitários. Isto parece corresponder a uma mútua interpenetração dos símbolos, de modo semelhante ao de nosso caso.

---

15. Cf. ZELLER, E. *Die Philosophie der Griechen*. Vol. III. 2. ed. Tübingen/Leipzig 1856-1868, p. 120. Segundo Arquitas, a alma é um círculo ou uma esfera.

126 As interpenetrações de propriedades e conteúdos são típicas, não só dos símbolos em geral, mas também da semelhança essencial dos conteúdos simbolizados. Sem esta última, seria impossível a mútua interpenetração. É por isso que no conceito cristão da Trindade encontramos a interpenetração mediante a qual o Pai aparece no Filho, o Filho no Pai, o Espírito Santo no Pai e no Filho, ou estes dois naquele, em sua qualidade de Paráclito. A passagem do Pai para o Filho e do seu aparecimento em determinado momento representa um elemento temporal, ao passo que o elemento espacial seria personificado pela *Mater Dei* (Mãe de Deus). A qualidade de mãe era originariamente um atributo do Espírito Santo, que um grupo de cristãos dos primeiros tempos chamou de *Sophia-Sapientia*[16]. Não era possível extirpar de todo esta propriedade feminina, e ela perdura ligada, pelo menos ao símbolo do Espírito Santo: a *columba spiritus sancti* (a pomba do Espírito Santo). Mas no dogma, a quaternidade falta por completo, embora apareça no simbolismo da igreja primitiva. Reporto-me à cruz de braços iguais (dita cruz grega) que se acha encerrada no círculo, ao Cristo triunfante com os quatro evangelistas, ao tetramorfo etc. Na simbólica eclesiástica posterior aparecem a *rosa mystica*, o *vas devotionis*, o *fons signatus* e o *hortus conclusus* como atributos da *Mater Dei* e da terra espiritualizada[17].

127 Se as representações da Trindade nada mais fossem do que sutilezas da razão humana, talvez não valesse a pena mostrar todas estas conexões sob uma luz psicológica. Mas sempre defendi o ponto de vista de que essas representações pertencem à categoria da revelação, isto é, àquilo que Koepgen qualificou ultimamente de "gnosis". (não confundir com gnosticismo!) A *revelatio* é, em primeira instância, uma descoberta das profundezas da alma humana, a "manifestação" em primeiro lugar de um *modus* psicológico que como se sabe, além disto, nada nos diz acerca do que ela poderia ser. Na linha desta concepção, citemos a fórmula lapidar de Koepgen, que tem o *imprima-*

---

16. Cf. a invocação nos *Atos de Tomé* (MEAD, G.R.S. *Fragments of a Faith Forgotten*. 2. ed. Londres: [s.e.], 1906, p. 422). Cf. tb. o *"sedes sapientiae"* da *Ladainha Lauretânea* e a leitura de *Provérbios* 8,22-31 no comum das festas de Maria.

17. Nos gnósticos, a quaternidade tem um caráter decididamente feminino. Cf. IRINEU. *Adversus Haereses*, I, cap. XI, na tradução de Klebba, 1912, p. 35.

tur eclesiástico: "Deste modo, a Trindade não é somente revelação de Deus, mas ao mesmo tempo revelação do homem"[18].

Nosso mandala é uma representação abstrata, quase matemática, dos principais problemas discutidos na filosofia cristã da Idade Média. De fato, a abstração chega a tão alto grau que, sem a ajuda da visão de Guillaume, talvez não tivéssemos percebido o seu vastíssimo enraizamento histórico. Nosso paciente não possuía qualquer conhecimento destes materiais históricos. Não sabia nada além do que qualquer pessoa que tenha recebido algumas noções de catecismo em sua primeira infância. Ele mesmo não via qualquer relação entre seu relógio do universo e algum simbolismo religioso. Isto é fácil de compreender, pois sua visão nada encerrava que, de início, lembrasse de alguma forma a religião. Entretanto, esta visão ocorreu pouco depois do sonho da "Casa de Concentração". E este sonho, por sua vez, constituiu uma resposta ao problema do dois e do três, que se propusera num sonho anterior. Neste último, tratava-se de um recinto quadrangular em cujos cantos se achavam quatro cálices cheios de quatro tipos de água colorida: uma amarela, outra vermelha, a terceira verde e *a quarta incolor*. Faltava evidentemente o *azul*, mas numa das visões anteriores esta cor se mesclara com outras no momento em que aparecera um urso no fundo de uma caverna. O urso tinha quatro olhos, que emitiam luz vermelha, amarela, verde e azul. Esta última cor desapareceu de modo estranho no sonho ulterior. Ao mesmo tempo, o quadrado de costume se transformou num retângulo que jamais aparecera. A causa desta alteração representou evidentemente uma resistência ao elemento feminino representado pela *anima*. No sonho da "Casa de Concentração" a voz confirma este fato. Ela diz: "O que você está fazendo é perigoso. A religião não é o preço que você deve pagar, para poder prescindir da imagem da mulher, pois esta imagem é necessária". A "imagem da mulher" é exatamente aquilo que chamaríamos de *anima*[19].

É normal que um homem oponha resistência à sua *anima*, pois como já lembramos ela representa o inconsciente com todas as ten-

---

18. *Die Gnosis des Christentums*, 1939, p. 194.

19. Cf. as definições de "alma" e "imagem da alma" em *Psychologische Typen* [OC, 6] (Cf. tb. *Aion*, 1951, p. 25s. OC, 9/2; II, § 19).

dências e conteúdos excluídos da vida consciente. Tal fato costuma ocorrer por uma série de razões verdadeiras e fictícias. No caso em questão, alguns conteúdos tinham sido reprimidos e outros recalcados. Em geral, as tendências que representam a soma dos elementos antissociais na estrutura psíquica do homem (eu as denomino "criminoso estatístico") são reprimidas, isto é, eliminadas consciente e intencionalmente. Mas, em geral, só as tendências recalcadas têm caráter duvidoso. Elas não são necessariamente antissociais, mas também não são aquilo que se chamaria de convencional e ajustado às normas sociais. Igualmente duvidosa é a razão pela qual são reprimidas. Algumas pessoas o fazem por mera covardia, outras por uma moral convencional, e outras, para resguardar sua reputação. O recalque é a maneira semiconsciente de deixar correr as coisas, ou de externar desprezo por uvas que pendem de ramos demasiado altos, ou de olhar em direção contrária para não enxergar os próprios desejos. Foi Freud quem descobriu que o fenômeno do recalque constitui um dos mecanismos principais na formação das neuroses. A eliminação, pelo contrário, corresponde a uma decisão moral consciente, ao passo que o recalque representa uma tendência, bastante imoral, de evitar decisões desagradáveis. A eliminação pode causar aflições, conflitos e sofrimentos, mas nunca uma neurose. A neurose é sempre um substitutivo do sofrimento legítimo.

Se excluirmos o "criminoso estatístico", resta o extenso domínio das qualidades inferiores e das tendências primitivas que pertencem à estrutura psíquica do homem, o qual é menos ideal e mais primitivo do que gostaríamos que fosse[20]. Possuímos certas ideias sobre como deveria viver um homem civilizado, culto e moral, e de vez em quando fazemos tudo o que está ao nosso alcance para satisfazer essas expectativas ambiciosas. Mas como a natureza não favoreceu todos os seus filhos com bens idênticos, há alguns seres mais e outros menos dotados. Assim, existem pessoas capazes de viver "corretamente" e de maneira respeitável, ou, em outras palavras, pessoas nas quais não se encontra o mínimo deslize. Quando cometem alguma falta, ou se trata de pecados menores, ou não têm consciência dos mesmos. É sa-

---

20. Um caso particular é a chamada "função inferior". Cf. suas definições em *Psychologische Typen*. Op. cit. (cf. tb. *Aion*. Op. cit., p. 22s.; OC, 9; § 13s.).

bido que nos mostramos indulgentes para com os pecadores que não têm consciência de seus atos. Mas a natureza não é assim tão benigna. Ela castiga com a mesma dureza, como se a transgressão tivesse sido consciente. Assim verificamos – como bem observou Henry Drummond em seu tempo[21] – que são as pessoas muito piedosas que, inconscientes de seu outro lado, desenvolvem estados de espírito verdadeiramente infernais, que as torna insuportáveis para seus próximos. A fama de santidade pode ir muito longe, mas conviver com um santo pode desenvolver um complexo de inferioridade ou até mesmo uma violenta explosão de imoralidade entre indivíduos menos dotados de qualidades morais. A moral parece ser um dom equiparável à inteligência. Não é possível incuti-la, sem prejuízo, num sistema ao qual ela não é inata.

131 Infelizmente, não se pode negar que o homem como um todo é menos bom do que ele se imagina ou gostaria de ser. Todo indivíduo é acompanhado por uma sombra, e quanto menos ela estiver incorporada à sua vida consciente, tanto mais escura e espessa ela se tornará. Uma pessoa que toma consciência de sua inferioridade, sempre tem mais possibilidade de corrigi-la. Essa inferioridade se acha em contínuo contato com outros interesses, de modo que está sempre sujeita a modificações. Mas quando é recalcada e isolada da consciência, nunca será corrigida. E além disso há o perigo de que, num momento de inadvertência, o elemento recalcado irrompa subitamente. De qualquer modo, constitui um obstáculo inconsciente, que faz fracassar os esforços mais bem-intencionados.

132 Trazemos em nós o nosso passado, isto é, o homem primitivo e inferior com seus apetites e emoções, e só com um enorme esforço podemos libertar-nos desse peso. Nos casos de neurose, deparamos sempre com uma sombra consideravelmente densa. E para curar-se tal caso, devemos encontrar um caminho através do qual a personalidade consciente e a sombra possam conviver.

133 Isto constitui um sério problema para todos aqueles que se acham numa situação desagradável como esta, ou para os que devem

---

21. Notório pelo seu livro: *Das Naturgesetz in der Geisteswelt*, 1889. A citação é tirada de um pequeno escrito: *Das Best in der Welt*.

ajudar um doente a voltar à vida normal. A simples repressão não constitui remédio algum, tal como a decapitação não é um remédio para a dor de cabeça. De nada ajuda também a destruição da moral de um homem, pois isso seria o mesmo que matar o seu "Si-mesmo" (Selbst), sem o qual a sombra perderia o seu sentido. A conciliação desses opostos é um dos problemas mais importantes, que mesmo na Antiguidade ocupou alguns espíritos. Sabemos que uma personalidade – aliás lendária – Carpócrates[22], filósofo neoplatônico do século II, segundo o relato de Ireneu, defendia a doutrina segundo a qual o bem e o mal nada mais são do que opiniões humanas, e antes de morrer, as almas devem conhecer, até à última gota, todo o humanamente experimentável se não quiserem recair na prisão do corpo. A alma, por assim dizer, só poderia libertar-se da prisão do mundo somático do Demiurgo mediante a completa satisfação de *todas* as exigências vitais. A existência corporal, tal como a achamos, seria uma espécie de irmã hostil, cujas exigências deveriam ser satisfeitas em primeiro lugar. É nesse sentido que os carpocratianos interpretavam Lc 12,58s. (e respect. Mt 5,25): "Quando fores com teu adversário ao magistrado, procura desembaraçar-te dele no caminho, para que não suceda que te entregues ao juiz e o juiz te abandone aos funcionários da justiça e estes te ponham no cárcere. Digo-te: de lá não sairás enquanto não tiveres pago até o último centavo". Em relação a outras doutrinas gnósticas, segundo as quais ninguém pode ser salvo dos pecados que não cometeu, percebemos aqui (ainda que obscurecido pela oposição cristã) um problema de grande alcance, colocado pelos filósofos neoplatônicos. Na medida em que o homem se acha somaticamente comprometido, o "adversário" não é senão o "outro em mim". Não há dúvida de que a concepção carpocratiana desemboca na seguinte versão de Mt 5,25s.: "Eu porém vos digo: Todo aquele que se irritar consigo mesmo será entregue à justiça. O que disser a *si mesmo:* "idiota", será réu perante o Sinédrio, e o que disser a si mesmo: "louco", será entregue ao fogo do inferno. Se fores, no entanto, apresentar a

---

22. Cf. IRINEU. *Adversus Haereses*, I, XXV, 4. In: KLEBBA, 1912, p. 76. Também MEAD, G.R.S. *Fragments of a Faith Forgotten*. 2. ed. Londres: [s.e.], 1906, p. 231. Um curso de ideias semelhante se encontra na *Pistis Sophia* (Cf. SCHMIDT, C. *Pitis Sophia*, p. 215).

tua oferta perante o altar, e ali te lembrares de que tens algo contra *ti mesmo*, deixa ali a tua oferenda, e vai primeiro reconciliar-te *contigo mesmo*; depois volta, e apresenta a tua oferta. Apressa-te em concordar contigo mesmo enquanto fores *contigo mesmo* pelo caminho, para que não suceda que te entregues a *ti mesmo* ao juiz" etc. Não dista muito desta problemática a palavra não canônica do Senhor: "Se sabes o que estás fazendo, és bem-aventurado; mas se não o sabes, és maldito"[23]. Muito mais próxima deste pensamento é a parábola *do administrador desonesto* (Lc 16) que, sob diversos aspectos, constitui uma "pedra de tropeço". *Et laudavit Dominus villicum iniquitatis, quia prudenter fecisset* (E o Senhor louvou o administrador desonesto por ter agido com prudência). *Prudenter* corresponde a *phronimos* do texto grego original, que significa: "ponderado, razoável, sensato". É inegável que a *razão* aparece aqui *como uma instância de decisão ética*. É possível, ao contrário de Ireneu, conceder aos carpocratianos esta compreensão, admitindo-se que eles também, à semelhança do administrador desonesto, sabiam salvar as aparências de um modo louvável. É natural que os Padres da Igreja, com sua mentalidade mais robusta, não tenham sabido apreciar a finura e o valor deste argumento sutil e singularmente prático do ponto de vista moderno. Trata-se de uma questão vital, mas também perigosa; eticamente, é o problema mais delicado da civilização moderna, que não sabe compreender por que a vida do homem deva ser um sacrifício, no sentido mais elevado do termo. O ser humano é capaz de realizar coisas espantosas, desde que tenham um sentido para ele. Mas o difícil é criar esse sentido. Naturalmente deve tratar-se de uma convicção, mas as coisas mais persuasivas que o homem pode imaginar são medidas pela mesma escala e se mostram insuficientes para que possam também protegê-lo com eficácia contra seus próprios desejos e temores.

Se as tendências reprimidas da sombra fossem totalmente más, não haveria qualquer problema. Mas, de um modo geral, a sombra é simplesmente vulgar, primitiva, inadequada e incômoda, e não de uma malignidade absoluta. Ela contém qualidades infantis e primitivas que, de algum modo, poderiam vivificar e embelezar a existência

134

---

23. PREUSCHEN, E. *Antilegomena*, Die Reste der ausserkanonischen Evangelien u. urchristlichen Überlieferungen. Giessen: [s.e.], 1901, p. 44 e 139.

humana; mas o homem se choca contra as regras tradicionais. O público culto, a fina flor, a nata de nossa civilização afastou-se de suas raízes e está na iminência de perder sua vinculação com a terra. São pouquíssimos os países civilizados, na atualidade, cujas camadas populacionais inferiores não se encontrem num inquietante estado de conflitos de opinião. Em muitas nações europeias esse estado de inquietação apodera-se também das camadas superiores. Esta situação demonstra nosso problema psicológico em uma escala ampliada. Com efeito, na medida em que as coletividades não passam de aglomerados de indivíduos, os seus problemas também não passam de acúmulos de problemas individuais. Uma parte se identifica com o homem superior e não pode descer, enquanto a outra parte, identificada com o homem inferior, deseja subir à tona.

135   Tais problemas nunca serão solucionados por meio de uma legislação ou por artifícios. Só podem ser resolvidos por uma mudança geral de atitude. E esta mudança não se inicia com a propaganda ou com reuniões de massa, e menos ainda com violência. Ela só pode começar com a transformação interior dos indivíduos. Ela produzirá efeitos mediante a mudança das inclinações e antipatias pessoais, da concepção de vida e dos valores, e somente a soma dessas metamorfoses individuais poderá trazer uma solução coletiva.

136   O homem culto procura reprimir o homem inferior que tem dentro de si, sem dar-se conta de que, com isto, o obriga a rebelar-se. É característico no caso de meu paciente o fato de que sonhara certa vez com uma unidade militar que pretendia "estrangular totalmente a ala esquerda". Alguém observou que a ala esquerda já era bastante fraca, mas os soldados responderam que por isso mesmo devia ser "estrangulada". O sonho mostra o modo pelo qual meu paciente tratou seu homem inferior. Evidentemente este não é o método adequado. O sonho da "Casa de Concentração" revela, pelo contrário, como uma atitude religiosa é a resposta adequada à sua pergunta. O mandala parece representar uma ampliação desse ponto particular. Vimos anteriormente como o mandala histórico servia de símbolo para interpretar filosoficamente a natureza da divindade ou para representá-la de forma visível, com o objetivo de adorá-la, ou como era usado, no Oriente, o yantra dos exercícios de ioga. A totalidade

("perfeição") do círculo celeste e a forma quadrada da terra que contém os quatro princípios, ou elementos, ou qualidades psíquicas[24], exprime a perfeição e a união. Assim, o mandala desempenha o papel de "símbolo de conjunção"[25]. Como a união de Deus e do homem acha-se traduzida no símbolo de Cristo ou da cruz[26], poder-se-ia esperar que o relógio do universo de nosso paciente também tivesse um significado de conjunção. E à base das analogias históricas, esperaríamos encontrar uma divindade no centro do mandala. Este centro, porém, está vazio. O lugar da divindade encontra-se desocupado. Mas, se examinarmos o mandala à luz dos modelos históricos, verificamos que o deus é simbolizado pelo círculo, e a deusa pelo quadrado. Em lugar de "deusa" poderíamos também dizer "terra" ou "alma". Mas, contrariamente ao preconceito histórico, devemos sustentar que não encontramos no mandala qualquer vestígio de divindade, mas, pelo contrário, um mecanismo, ao passo que na "Casa da Concentração" o lugar da imagem sagrada era ocupado pela quaternidade. Não devemos, porém, desprezar um fato tão importante em benefício de uma opinião preconcebida. Um sonho ou uma visão são exatamente aquilo que parecem ser. Não são disfarces de algo diferente, mas um produto natural, sem motivações exteriores. Já vi muitos mandalas de pacientes, que não sofreram qualquer influência externa, e quase sempre deparo com um fato idêntico: a ausência de uma divindade no centro. Em geral, o centro é acentuado. Mas o que nele se encontra é um símbolo de significado muito diverso. É, por

---

24. No budismo tibetano as quatro cores aparecem ligadas às quatro qualidades psicológicas (quatro formas de sabedoria). Cf. meu comentário a Evans-Wentz, *Das tibethanische Totenbuch*.

25. Cf. a definição de "símbolo" em *Psychologischen Typen*. Op. cit.

26. A cruz significa também um *marco divisório* entre o céu e o inferno, pois se acha plantada no meio do universo e estende seus braços para todos os lados (Cf. KROLL, J. *Gott und Höolle*. Der Mythos vom Descensuskampfe. Leipzig: [s.e.], 1932, p. 18, 3). Uma posição central cósmica parecida é a que ocupa o mandala tibetano, o qual, muitas vezes, se eleva, exatamente pela metade, da terra, que cobre o inferno, até o céu (comparável aos *stupas* semiesféricos de Sanchi na Índia). Encontrei a mesma coisa, várias vezes, em mandalas individuais que representam, em cima, o mundo claro e, embaixo, o mundo escuro, ou então se elevam sobre esses mundos. No "olho invertido" [umgekertes Auge] ou no "espelho filosófico" [philosophischer Spiegel de Jakob Boehme (*40 Fragen von der Seele*) podemos observar uma tentativa semelhante.

exemplo, uma flor, uma cruz de braços iguais, uma pedra preciosa, uma taça cheia de água ou vinho, uma serpente enroscada, ou um ser humano, mas nunca um deus[27].

137 Ao depararmos com um Cristo triunfante na rosácea de uma igreja medieval, deduzimos, com razão, que deve tratar-se de um símbolo central do culto cristão. Concluímos igualmente que toda religião que se enraíza na história de um povo é uma manifestação de sua psicologia, como o é, por exemplo, sua forma de governo. Se aplicarmos o mesmo método aos mandalas modernos que os homens veem em sonhos ou visões, ou que então desenvolveram "por meio da imaginação ativa"[28], chegaremos à conclusão de que os mandalas exprimem certa atitude que só podemos chamar de "religiosa". A religião é uma relação com o valor supremo ou mais poderoso, seja ele positivo ou negativo, relação esta que pode ser voluntária ou involuntária; isto significa que alguém pode estar possuído inconscientemente por um "valor", ou seja, por um fator psíquico cheio de energia, ou que pode adotá-lo conscientemente. O fator psicológico que, dentro do homem, possui um poder supremo, age como "Deus", porque é sempre ao valor psíquico avassalador que se dá o nome de Deus. Logo que um deus deixa de ser um fator avassalador, converte-se num simples nome. Nele o essencial morreu, e seu poder dissipou-se. Porque os deuses do Olimpo perderam seu prestígio e sua influência sobre a alma humana? Porque cumpriram sua tarefa e porque um novo mistério se iniciava: o *Deus que se fez homem*.

138 Quando alguém se permite tirar conclusões a partir de mandalas modernos, talvez tivesse que perguntar aos homens de hoje se veneram estrelas, sóis, flores ou serpentes. É evidente que o negarão, assegurando, ao mesmo tempo, que esferas, estrelas, cruzes e coisas da

---

27. Cf. as ilustrações em JUNG, C.G. Über Mandalasymbolik. In: JUNG, C.G. *Gestaltungen des Unbewussten*. 1950.

28. "Imaginação ativa" é a designação técnica de um método de minha autoria, cuja finalidade é tornar conscientes os conteúdos inconscientes (Cf. *Die Beziehungen Zwischen dem Ich und dem Unbewussten*. 1950, p. 176s., OC, 7; § 366s.; Zum psychologischen Aspekt der Kore-Figur. In: KERÉNYI, K. & JUNG, C.G. *Einführung in das Wesen der Mythologie*. 4. ed. Zurique: [s.e.], 1951, p. 228s.; *Mysterium Coniunctionis*. 1956, II, p. 267, 304 , 307s. [OC, 14].

mesma natureza são símbolos de um *centro que está dentro deles mesmos*. E se perguntarmos o que entendem por tal centro, mostrar-se-ão um pouco embaraçados e aludirão a esta ou àquela experiência, como o fez, por exemplo, meu paciente, resumindo o que sabia dizer de positivo sobre o "relógio do universo", ao confessar que a visão nele havia deixado um sentimento de harmonia perfeita. Outros relatam que tal visão ocorreu-lhes num momento de dor extrema ou de profundo desespero. Para outros, trata-se de recordação de um sonho impressionante, ou de um momento em que cessaram lutas prolongadas e estéreis e a paz os invadiu. Poderíamos resumir do seguinte modo o que as pessoas narram acerca de suas experiências: *Elas voltaram a si mesmas; puderam aceitar-se; foram capazes de reconciliar-se consigo mesmas* e assim se reconciliaram também com situações e acontecimentos adversos. Trata-se, quase sempre, do mesmo fato que outrora se expressava nestas palavras: "Fez as pazes com Deus, sacrificou a própria vontade, submetendo-se à vontade divina".

Um mandala moderno é uma confissão involuntária de uma situação espiritual particular. Não há divindade no mandala, nem tampouco se alude a uma submissão à divindade ou a uma reconciliação com ela. *Parece que o lugar da divindade acha-se ocupado pela totalidade do homem*[29].

Ao falar do homem, possivelmente cada qual se refira ao próprio eu – isto é, à sua disposição pessoal, na medida em que tenha consciência da mesma – e quando fala de outros, pressupõe que possuam uma natureza bastante semelhante à sua. Mas como a pesquisa moderna mostrou-nos que a consciência pessoal se fundamenta numa psique inconsciente, cujas dimensões não é possível determinar, achando-se incrustada nela, impõe-se a necessidade de rever o preconceito um tanto antiquado de que o homem nada mais é do que sua consciência. A esta opinião ingênua deve-se contrapor imediatamente a objeção crítica: consciência de quem? Seria realmente uma tarefa difícil fazer coincidir a imagem que tenho de mim mesmo com aquela que os outros têm a meu respeito. Quem está com a razão? E qual é o verdadeiro indiví-

---

29. No que se refere à psicologia do mandala, cf. o meu comentário sobre *Das Geheimnis der goldenen Blüte*, 1957, p. 21s. (cf. tb. *Über Mandalasymbolik*. Op. cit.).

duo? Se avançarmos alguns passos e levarmos em conta que o homem ainda é um desconhecido, tanto para si mesmo como para os outros, mas um desconhecido cuja existência é demonstrável, o problema da identidade torna-se ainda mais complexo. De fato, é impossível determinar com exatidão a amplitude e o caráter definitivo da existência psíquica. Quando falamos aqui do homem, aludimos a uma sua totalidade que não pode ser delimitada e nem é susceptível de formulação, só podendo ser expressa por meio de símbolos. Escolhi a expressão "Si-mesmo" (Selbst) para designar a totalidade do homem[30], a soma de seus aspectos, abarcando o consciente e o inconsciente. Adotei tal expressão no sentido da filosofia oriental[31], que se ocupou, há muitos séculos, com os problemas que surgem, quando mesmo a humanização dos deuses é ultrapassada. A filosofia dos Upanishad corresponde a uma psicologia que há muito já advertiu a relatividade dos deuses[32]. Não devemos confundir isto com o erro ingênuo do ateísmo. O mundo é o que sempre foi, mas nossa consciência está submetida a estranhas modificações. Primeiro, em épocas remotas (embora se possa observar o mesmo nos primitivos contemporâneos), a parte fundamental da vida psíquica aparentemente se situava fora, nos objetos humanos e não humanos: achava-se projetada, como diríamos hoje[33]. Num estado mais ou menos completo de projeção é quase impossível haver consciência. Com a retirada das projeções, desenvolveu-se lentamente um conhecimento consciente. É digno de nota que a ciência tenha começado justamente pela descoberta das leis astronômicas, ou seja, eliminando as projeções quase as mais distantes. Foi esta a primeira fase da "des-animação" do mundo. Um passo seguiu-se a outro: já na Antiguidade Clássica, os deuses foram retirados das montanhas e dos rios, das árvores e dos animais. Embora a ciência moderna tenha refinado

---

30. Cf. a definição do "si-mesmo" (Selbst) em *Psychologische Typen*. Op. cit. [OC, 6]; (cf. tb. *Die Beziehungen zwieschen dem Ich und dem Unbewussten*, p. 98s. [OC, 7; § 274; *Aion*, Op. cit., p. 44s. [OC, 9/2; § 43s.].

31. Cf. HAUER, J.W. *Symbole und Erfahrung des Selbstes in der Indo-Arischen Mystik*. Op. cit. Eranos Jahrbuch, 1934, p. 35.

32. Sobre o conceito da "relatividade de Deus", cf. *Psychologische Typen*. Op. cit., p. 322s. [OC, 6; § 45s.].

33. É neste fato que se baseia a teoria do animismo.

suas projeções, a ponto de torná-las quase irreconhecíveis, elas ainda pululam na vida diária, nos jornais, nos livros, nos boatos e nas intrigas banais no seio da sociedade. Onde há uma lacuna, onde falta o verdadeiro saber, ainda hoje o espaço é preenchido com projeções. Continuamos quase certos de saber o que os outros pensam ou qual é o seu verdadeiro caráter. Estamos convencidos de que certas pessoas possuem todos os defeitos que não encontramos em nós mesmos, ou de que se entregam a todos os vícios que naturalmente nunca seriam os nossos. Devemos ter o máximo cuidado para não projetar despudoradamente nossa própria sombra, pois ainda hoje nos encontramos como que inundados de ilusões projetadas. Se quisermos imaginar uma pessoa bastante corajosa para se desvencilhar de todas essas projeções, devemos pensar, em primeiro lugar, num indivíduo que tenha consciência de possuir uma sombra considerável. Tal homem sobrecarregou-se de novos problemas e conflitos. Converteu-se numa séria tarefa para si mesmo, porque já não pode mais dizer que são os *outros* que fazem tal ou tal coisa, nem que são *eles* os culpados e que é preciso *combatê-los.* Vive na "casa do autoconhecimento", da concentração interior. Seja qual for a coisa que ande mal no mundo, este homem sabe que o mesmo acontece dentro dele, e se aprender a arranjar-se com a própria sombra, já terá feito alguma coisa pelo mundo. Terá conseguido dar resposta pelo menos a uma parte ínfima dos enormes problemas que se colocam no presente, boa parte dos quais apresenta tantas dificuldades pelo fato de se acharem como que envenenados por projeções recíprocas. E como poderá ver claramente, quem não se vê a si mesmo, nem às obscuridades que inconscientemente impregnam todas as suas ações?

O desenvolvimento psicológico moderno leva-nos a uma compreensão melhor daquilo de que o homem realmente se compõe. Primeiro, os deuses de poder e beleza sobrenaturais viviam nos cumes nevados dos montes ou nas profundezas das cavernas, dos bosques e dos mares. Mais tarde, fundiram-se *num só* Deus, que logo se fez homem. Mas em nossa época parece que até o próprio Deus-Homem desce de seu trono, para se diluir no homem comum. É por esse motivo talvez que seu lugar se encontra vazio. E por isso também o homem moderno sofre de uma *hybris* da consciência, que se aproxima de um estado patológico. A esta condição psíquica do indivíduo corresponde, em larga escala, a hipertrofia e a exigência de totalidade da ideia de Estado. Assim como o Estado trata de "englobar" o indivíduo, assim também o indivíduo imagina ter "englobado" sua alma, e faz disto até uma ciência, baseado na absurda suposição de que o intelecto, mera parte e função da psique, basta para compreender a totalidade da alma. Na realidade, a psique é mãe, sujeito e possibilidade da própria consciência. Ela transcende amplamente os limites desta última, podendo-se compará-la a uma ilha no meio do oceano. A ilha é pequena e estreita, o oceano é infinitamente amplo e profundo e encerra uma vida que, sob todos os aspectos, supera a ilha, tanto em seu modo quanto em sua extensão. Poder-se-ia objetar contra esta imagem o fato de não termos oferecido prova alguma de que a consciência não passa de uma pequena ilha no meio do oceano. Tal prova é, em si mesma, impossível, pois em face do âmbito conhecido da consciência está a "extensão" desconhecida do inconsciente, acerca da qual apenas sabemos que existe, e que em virtude de sua existência age sobre a consciência e sua liberdade, restringindo-as. Ou melhor, onde quer que o inconsciente domine, aí se encontra também a não liberdade, e até mesmo a obsessão. A amplitude do oceano, afinal de contas, é uma simples analogia relativa à capacidade que tem o inconsciente de limitar e ameaçar a consciência. Até há pouco tempo, o empirismo psicológico costumava explicar o "inconsciente" – o próprio termo indica – como a mera ausência de consciência, do mesmo modo que a sombra é a ausência da luz. Tanto em épocas anteriores como também no presente, a observação rigorosa dos processos inconscientes mostrou que o inconsciente possui uma certa autonomia criadora, que não poderia ser atribuída a algo cuja natureza consistisse numa simples sombra. Quando C.G. Carus, Ed. Von Hartmann e, em certo sentido, Arthur Schopenhauer identificaram o inconsciente com o princípio criador do mundo, nada mais fizeram do que sintetizar todas as doutrinas do passado, as quais, com fundamento na experiência interior, encaravam a misteriosa força atuante como deuses personificados. À moderna hipertrofia da consciência, ou mais precisamente, àquela *hybris* que mencionamos acima, corresponde o fato de que os homens não percebem a perigosa autonomia do inconsciente, tomando-a apenas negativamente como ausência de consciência. O pressuposto da existência de deuses ou demônios invisíveis é, na minha opinião, uma formulação do inconsciente, psicologicamente muito mais adequada, embora se trate de uma projeção antropomórfica. Pois bem, como o desenvolvimento da consciência exige que se retirem todas as projeções que podem ser alcançadas, assim também é impossível continuar sustentando qualquer mitologia no sentido de uma existência não psicológica. Se o processo histórico da "des-animação" do mundo, ou, o que é a mesma coisa, a retirada das projeções continuar avançando, como até agora, então, tudo quanto se acha fora, quer seja de caráter divino ou demoníaco, deve retornar à alma, ao interior do homem desconhecido, de onde aparentemente saiu.

Em primeiro lugar, parece que o erro materialista foi inevitável. Como não se pôde descobrir o trono de Deus entre as galáxias, concluiu-se simplesmente que Deus não existe. O segundo erro inevitável é o psicologismo; se afinal de contas, Deus é alguma coisa, deverá ser uma ilusão motivada entre outras coisas pela vontade de poder e pela sexualidade recalcada. Estes argumentos não são novos. Os missionários cristãos disseram coisas parecidas para derrubarem os ídolos pagãos. Mas, ao passo que em sua luta contra os antigos deuses os missionários primitivos tinham consciência de estar servindo a um novo deus, os modernos iconoclastas não sabem em nome do que destroem os antigos valores. Ao romper as antigas tábuas, Nietzsche certamente se sentiu responsável. De fato, ele sucumbiu à estranha necessidade de respaldar-se num Zaratustra redivivo, à guisa de segunda personalidade, de um *alter ego* com o qual identificou sua grande tragédia: *Assim falava Zaratustra*. Nietzsche não era ateu, mas o *seu Deus havia morrido*. O resultado desta morte foi sua cisão interior que o compeliu a personificar seu outro "si-mesmo" *(Selbst)* como "Zaratustra" ou, em outra fase, como "Dioniso". Durante sua enfermidade fatal ele assinava suas cartas como "Zagreus", o Dioniso despedaçado dos trácios. A tragédia de *Assim falava Zaratustra* consiste em que o próprio *Nietzsche,* não sendo ateu, se transformou em deus, porque seu Deus havia morrido. E isto ocorreu porque ele não era ateu. Tinha uma natureza demasiado positiva para suportar a neurose peculiar aos habitantes das grandes cidades, que é o ateísmo. Aquele para quem "Deus morre" se torna vítima da "inflação"[34].

142

---

34. Em relação ao conceito de "inflação", cf. *Die Beziehungen zwischen dem Ich und dem Unbewussten*. Op. cit., p. 37s. OC, 7; § 227s.

"Deus é a posição efetivamente mais forte da psique, quando, no sentido da palavra de Paulo, Deus é o "ventre" (Fl 1,3-19). Isto significa que o fator efetivamente mais poderoso e decisivo da psique individual provoca, forçosamente, fé ou medo, submissão ou entrega, que um deus poderia exigir do homem. O dominante e inevitável é, neste sentido, "Deus", que é absoluto, se a decisão ética da liberdade humana não conseguir estabelecer uma posição igualmente invencível contra esse fato natural. Na medida em que essa posição comprova sua eficácia, torna-se merecedora de que se lhe confira o predicado de Deus, ou melhor, de um *Deus espiritual,* uma vez que a posição psíquica promana da livre decisão ética, isto é, da convicção íntima. Cabe à liberdade do homem decidir se "Deus" é um "espírito" ou um fenômeno da natureza, como o vício dos morfinômanos, e com isto fica definido também se "Deus" significa poder benéfico ou destruidor.

143   Por mais indubitáveis e compreensíveis que pareçam tais ocorrências ou decisões psíquicas, elas nos levam mesmo assim à conclusão errônea e não psicológica de que fica a critério do homem criar ou não seu Deus. Mas não se trata disto, pois cada um se encontra numa disposição psíquica que limita sua liberdade e até mesmo a torna ilusória. O "livre-arbítrio" constitui um sério problema, não somente do ponto de vista filosófico, como também do ponto de vista prático, pois raramente encontramos pessoas que não sejam ampla ou mesmo prevalentemente dominadas por suas inclinações, seus hábitos, impulsos, preconceitos, ressentimentos e toda espécie de complexos. A soma destes fatos naturais funciona exatamente à maneira do Olimpo povoado de deuses, que querem ser propiciados, servidos, temidos e venerados não só pelo próprio indivíduo no seu variado panteon, como também por todos aqueles que o rodeiam. Não liberdade e possessão são sinônimos. Por isso, sempre há na alma alguma coisa que se apodera da liberdade moral, limitando-a ou suprimindo-a. Para dissimular esta realidade verdadeira, mas desagradável, e para animar-se no sentido de conseguir a liberdade, as pessoas costumam usar o modismo, no fundo apotropaico, dizendo: "Eu tenho" a inclinação ou o costume ou o ressentimento, em vez de afirmar de acordo com a verdade: "Tal inclinação ou tal costume ou tal ressentimento *me têm*". Mas esta última forma de expressão custar-nos-ia a ilusão da liberdade. Eu me pergunto se, num sentido su-

perior, não seria preferível tal coisa à embriaguez pelas belas pinturas. Verdadeiramente, não gozamos de qualquer liberdade sem dono, mas nos achamos continuamente ameaçados por certos fatores psíquicos capazes de nos dominar sob a forma de "fatos naturais". A ampla retirada de certas projeções metafísicas nos entrega, quase desamparados, a esses fatos, uma vez que nos identificamos imediatamente com cada impulso, em vez de dar-lhe o nome de "outro", com o que o manteríamos afastados de nós, pelo menos à distância de um braço, a fim de que não se apoderasse da cidade do *eu*. Sempre existiram "domínios" e "poderes", e não nos compete criá-los, nem precisamos fazê-lo. A única tarefa que nos cabe é *escolher* o "senhor" a quem desejamos servir, para que esse serviço nos proteja contra o domínio dos "outros", que não escolhemos. "Deus" não é *criado*, mas *escolhido*.

Nossa escolha caracteriza e define "Deus". Mas nossa escolha é obra humana e, por isso mesmo, a definição que propõe é finita e imperfeita (assim como a ideia de perfeição não implica a perfeição). A definição é uma imagem que *não eleva* a realidade *desconhecida*, indicada por essa imagem à *esfera da compreensibilidade*. De outro modo, seria lícito dizer que se criou um deus. O "Senhor" que escolhemos não se identifica com a imagem que dele esboçamos no tempo e no espaço. Ele continua a atuar como antes nas profundezas da alma, como uma *grandeza não reconhecível*. A rigor, nem mesmo conhecemos a essência de um simples pensamento, quanto mais os últimos princípios do psíquico em geral. Também não podemos dispor, absolutamente, da vida íntima da alma. Como, porém, tal vida escapa ao nosso arbítrio e a nossas intenções, e é algo livre diante de nós, pode dar-se o caso de que o ser vivente escolhido e caracterizado pela definição ultrapasse, mesmo contra nossa vontade, os limites da imagem feita por mãos humanas. Aí talvez pudéssemos dizer com Nietzsche: "Deus está morto". Todavia, mais acertado seria afirmar: "Ele abandonou a imagem que havíamos formado a seu respeito e nós, onde iremos encontrá-lo de novo?" O interregno é cheio de perigos, pois os fatos naturais farão valer os seus direitos sob a forma de diversos "ismos", dos quais nada resulta senão a anarquia e a destruição; e isto porque, em consequência da inflação, a *hybris* humana escolhe o eu, em sua miserabilidade visível, para senhor do universo. Tal é o caso de Nietzsche, prenúncio incompreendido de uma época.

145   O eu humano individual é demasiado pequeno e seu cérebro demasiado débil para assimilar todas as projeções retiradas do mundo. Numa eventualidade dessas, o eu e o cérebro romper-se-iam em pedaços (que os psiquiatras chamam de esquizofrenia). Ao dizer: "Deus está morto", Nietzsche enunciou uma verdade válida para a maior parte da Europa. Os povos sofreram sua influência, não porque ele tenha constatado tal fato, mas porque se tratava da confirmação de um fato psicológico universalmente difundido. As consequências não tardaram em aparecer: o obscurecimento e a confusão trazida pelos "ismos" e a *catástrofe*. Ninguém soube tirar a conclusão do que Nietzsche anunciara. Não se ouve nela algo de semelhante à antiga frase: "O grande Pã está morto"[35], que marcava o fim dos deuses da natureza?

146   A Igreja compreende a vida de Cristo, por um lado, como um mistério histórico, e por outro, como um mistério permanente, o que se torna especialmente claro na doutrina do sacrifício da missa. De um ponto de vista psicológico tal concepção pode ser interpretada do seguinte modo: Cristo viveu uma vida concreta, pessoal e única, a qual, em todos os seus traços essenciais, apresentava igualmente um caráter arquetípico. Reconhece-se tal caráter pelas múltiplas relações existentes entre os detalhes biográficos e os temas bíblicos amplamente difundidos. Estas relações inegáveis constituem o motivo pelo qual a investigação acerca da vida de Jesus se choca com tantas dificuldades, no empenho de extrair dos relatos evangélicos uma vida individual e despojada do mito. Nos próprios Evangelhos, os relatos de fatos reais, a lenda e o mito se entrelaçam em um todo que constitui, precisamente, o sentido dos Evangelhos. Perde-se este caráter de totalidade, tão logo se procure separar, com o escalpelo, o individual do arquetípico. A vida de Cristo não constitui exceção, porque não são poucas as grandes figuras históricas que realizaram, de modo mais ou menos perceptível, o arquétipo da vida heroica, com suas peripécias características. Mas o homem comum também vive inconscientemente as formas arquetípicas; no entanto, devido a ignorância generalizada em matéria de psicologia, não as reconhece. Até mesmo os fugazes fenômenos oníricos deixam muitas vezes transparecer for-

---

35. PLUTARCO. *De dejectu oraculorum*, 17.

mações arquetípicas. Em última análise, todos os acontecimentos psíquicos se fundam no arquétipo e se acham de tal modo entrelaçados que é necessário um esforço crítico considerável para distinguir com segurança o singular do tipo. Disso resulta que toda vida individual é, ao mesmo tempo, a vida do *éon* da espécie. O individual é sempre "histórico", por se achar rigorosamente vinculado ao tempo. Inversamente, a relação entre o tipo e o tempo é indiferente. Ora, sendo a vida do Cristo, em alto grau, arquetípica, em igual medida representa a vida do arquétipo. Mas como este último constitui o pressuposto inconsciente de toda vida humana, sua vida manifesta mostra também a vida secreta e inconsciente do indivíduo, ou melhor, tudo o que acontece na vida de Cristo ocorre também sempre e em toda parte. Isto equivale a dizer que toda vida desse tipo se acha prefigurada no arquétipo cristão, ou volta a expressar-se nele, ou já se expressou de uma vez por todas. Assim, antecipa-se também nesse arquétipo, de modo perfeito, a questão da morte de Deus que aqui nos ocupa. O próprio Cristo representa o tipo do Deus que morre e se transforma.

147 A situação psicológica da qual partimos corresponde às palavras: "quid quaeritis viventem cum mortuis? *Non est hic*". (Por que buscais entre os mortos aquele que vive? Não está aqui.) (Lc 24,5). Mas onde voltaremos a encontrar o Ressuscitado?

148 Não espero que nenhum cristão crente siga o curso destas ideias, que talvez lhe pareçam absurdas. Não me dirijo também aos *beati possidentes* (felizes donos) da fé, mas às numerosas pessoas para as quais a luz se apagou, o mistério submergiu e Deus morreu. Para a maioria não há retorno possível e nem se sabe se o retorno seria o melhor. Para compreender as coisas religiosas acho que não há, no presente, outro caminho a não ser o da psicologia; daí meu empenho de dissolver as formas de pensar historicamente petrificadas e transformá-las em concepções da experiência imediata. É, certamente, uma empresa difícil reencontrar a ponte que liga a concepção do dogma com a experiência imediata dos arquétipos psicológicos, mas o estudo dos símbolos naturais do inconsciente nos oferece os materiais necessários.

149 A morte de Deus (ou seu desaparecimento) não constitui de modo algum um símbolo exclusivamente cristão. A busca que se segue à morte se repete ainda hoje quando morre um Dalai-Lama, tal

como na Antiguidade se celebrava anualmente a busca de Koré. A ampla difusão desse símbolo é uma prova da presença universal de um processo típico da alma: a perda do valor supremo, que dá vida e sentido às coisas. Tal processo constitui uma experiência típica muitas vezes repetida; por isso, ela se acha expressa também num ponto central do mistério cristão. Esta morte ou perda deve repetir-se: Cristo sempre morre e sempre torna a nascer. Comparada com a nossa condição de seres vinculados ao tempo, a vida do arquétipo é intemporal. Escapa ao meu conhecimento determinar as leis que regem a manifestação efetiva ora deste, ora daquele aspecto do arquétipo. Sei unicamente – e o que sabe um grande número de outras pessoas – que estamos numa época ou de morte ou de desaparecimento de Deus. Diz o mito que Ele não foi encontrado onde seu corpo havia sido depositado. O "corpo" corresponde à forma externa, visível, da versão até então conhecida, mas passageira, do valor supremo. Pois bem, o mito acrescenta ainda que o valor ressuscita, mas transformado de um modo miraculoso. Isto parece um milagre, pois toda vez que um valor desaparece, a impressão é de que foi perdido para sempre. Por isso, sua volta é um fato completamente inesperado. A descida aos infernos, durante os três dias em que permanece morto, simboliza o mergulho do valor desaparecido no inconsciente, onde vitorioso sobre o poder das trevas, estabelece uma nova ordem de coisas e de onde volta, para elevar-se até o mais alto dos céus, ou seja, até à claridade suprema da consciência. O pequeno número de pessoas que vêm o Ressuscitado é uma prova de que não são poucas as dificuldades com que se tropeça quando se aspira a reencontrar e a reconhecer o valor transformado.

150   Utilizando um sonho à maneira de exemplo, mostrei como o inconsciente produz um símbolo natural, que designei tecnicamente pelo nome de *mandala* e cujo significado funcional é o da conciliação dos contrários, isto é, a mediação. Tais ideias especulativas, indícios de um arquétipo emergente, remontam – e isto é significativo – à época da Reforma, quando, à base de figuras físico-simbólicas, muitas vezes de sentido ambíguo, procurava-se definir a natureza do *Deus Terrenus*, isto é, do *Lapis Philosophorum* (pedra filosofal). No comentário sobre o *Tractatus Aureus*, encontramos, entre outras coi-

sas, o seguinte: "Esse um, ao qual se devem reduzir os elementos, é aquele pequeno círculo que ocupa o centro dessa figura quadrada. Com efeito, é ele o mediador que promove a paz entre os inimigos, isto é, entre os elementos, para que se amem mutuamente num abraço necessário: na verdade, ele é o único que realiza a quadratura do círculo que até hoje tantos procuraram e poucos conseguiram"[36]. Acerca deste "mediador", que é justamente a pedra milagrosa, lê-se em Orthelius: "pois [...] assim como [...] o Bem sobrenatural e eterno, nosso mediador e salvador, Jesus Cristo, que nos liberta da morte eterna, do diabo e de todo o mal, participa de duas naturezas, isto é, da divina e da humana, assim também este nosso Salvador terreno é constituído de duas partes, a celeste e a terrena, mediante as quais ele nos *restitui a saúde e nos livra das enfermidades celestes e terrenas, espirituais* e corporais, visíveis e *invisíveis*"[37]. Trata-se aqui de um "salvator" que não provém do céu, mas das profundezas da terra, isto é, daquilo que *subjaz à consciência*. Estes "filósofos" imaginaram que havia um "spiritus" encerrado dentro da matéria, uma "pomba branca" comparável ao *nous* divino da copa de Hermes, a respeito da qual se diz: "Mergulha, se puderes, nesta copa, sabendo para que foste criado[38] e crendo que subirás até Ele, àquele que enviou a copa à terra"[39].

Este *nous* ou *spiritus* foi designado pelo nome de "Mercúrio"[40], e é a este arcano que se refere a sentença dos alquimistas "Est in Mer-

---

36. Reproduzido em MANGETUS, J.J. *Bibliotheca Chemica Curiosa*, 1702, I, p. 408 "Hoc unum, in quod redigenda sunt elementa, est circulus ille exiguus, centri locum in quadrata hac figura obtinens. *Est enim is mediator,* pacem faciens inter inimicos sive elementa, ut convenienti complexu se invicem diligant: Imo hic solus efficit qua-draturam circuli a multis hactenus quaesitam, a paucis verum inventam".

37. *Theatrum Chemicum*, 1661, VI, p. 431 "Nam quemadmodum... supernaturale et aeternum bonum, Mediator et Salvator noster Christus Jesus, qui nos ab aeterna morte, Diabolo et omni maio liberat, duarum naturarum divinae scl. et humanae particeps est: Ita quoque terrenus iste salvator ex duabus partibus constat, scl. coelesti et terrestri, quibus nobis *sanitatem restituit* et *a morbis coelestibus* et terrenis, *spiritualibus* et corporalibus, visibilibus e invisibilibus nos liberat".

38. Cf. a fórmula parecida no *Fundamentum* dos *Exercitia Spiritualia* de Santo Inácio.

39. *Corpus Hermeticum,* Lib. IV, 4.

40. (Merc.) totus aërus et spiritualis (totalmente aeriforme e espiritual). Theob. de Hoghlande. *Theatrum Chemicum*, I, p. 183.

curio quidquid quaerunt sapientes" (Encontra-se em Mercúrio tudo aquilo que os sábios procuram). Uma notícia muito antiga, que Zózimo atribuía ao lendário Ostanes, diz o seguinte: "Vai à torrente do Nilo e nela acharás uma pedra que tem um espírito (pneuma)". De uma observação desse texto, feita a modo de comentário, depreende-se que se alude nessa passagem ao *mercúrio (hydrargyron)*[41]. Este espírito, que provém de Deus, é também a causa do *verdor* muito elogiado pelos alquimistas, a *benedicta viriditas* (o verdor ou vigor abençoado). Dele diz Mylius "Inspiravit Deus rebus creatis [...] quandam germinationem, hoc est viriditatem" (Deus inspirou às coisas criadas... uma força germinativa, isto é, o verde). No hino de Hildegard de Bingen ao Espírito Santo, que começa com a invocação: "O ignis Spiritus paraclite" (Ó Espírito paráclito de fogo), lemos o seguinte: "De te /Sancte Spiritus/ nubes fluunt, aether volat, lapides humorem habent, aquae rivulos educunt et terra viriditatem sudat" (Por meio de ti, /ó Espírito Santo/, fluem as nuvens, os ventos se movem, as pedras produzem umidade, as águas tornam-se rios e da terra brota o verdor). Esta água do Espírito desempenha, desde os tempos mais antigos, um papel muito importante na alquimia, como símbolo do espírito aproximado da matéria, o qual, segundo a concepção de Herácrito, transformara-se em água. O paralelo cristão é representado, naturalmente, pelo sangue de Cristo e por isso a água dos filósofos foi também chamada *spiritualis sanguis* (sangue espiritual)[42].

A substância misteriosa também foi chamada simplesmente de *rotundum* (o redondo), e com isto se entendia a *anima media natura*, que é idêntica à *anima mundi*. Esta última é uma *virtus Dei* (uma virtude de Deus), um órgão ou uma esfera que envolve Deus, do qual diz Mylius: "Deus ama-se a si mesmo, ao qual alguns chamaram de *espírito intelectual e ígneo*[43], que não tem forma, mas pode transfor-

---

41. BERTHELOT. *Alch. Grecs.* III, VI, 5.
42. MYLIUS. *Philosophia Reformata*, p. 42; *Hymnus* de Hidelgard, in: DANIEL, H.A. *Thesaurus Hymnologicus.* 5 vols. Halle/Leipzig: [s.e.], 1841-1856, V, p. 201-202. • DORNEUS, *Congerles*, em *Theatrum Chemicum*, I, p. 584. • Turba Philosophorum. *Artis Auriferae*, 1593, I, p. 89.
43. Ideia originalmente platônica.

mar-se em qualquer coisa e identificar-se com todas. Ele se acha, de certo modo e sob múltiplos aspectos, unido à sua criatura"[44]. A esta imagem do Deus cercado pela *anima* corresponde a comparação que Gregório Magno faz acerca de Cristo e da Igreja: "Vir a femina circundatus" (um homem cercado pela mulher) (Jr 31,22)[45]. Este é, aliás, um paralelo exato da representação tântrica de Shiva abraçado por Shakti[46]. É desta representação fundamental dos contrários masculino e feminino, unificados no centro, que provém a denominação de "hermafrodita" dada ao Lapis (pedra); e esta representação é, simultaneamente, a base do tema do mandala. A extensão de Deus, como *anima media natura*, a todo ser individual, significa que até na matéria morta, isto é, nas trevas extremas, habita uma centelha divina[47], a *scintilla*. Os filósofos medievais da natureza se esforçavam

---

44. MYLIUS. *Philosophia Reformata*, p. 8 "(Deum habere) circa se ipsum amorem. Quem alii *spiritum intellectualem* asseruere et *igneum*, non habentem formam, sed transformantem se in quaecumque voluerit et coaequantem se universis. Qui ratione multiplici quodam modo suis creaturis annectitur".

45. GREGÓRIO. *Expositiones in Librum primum Regnum*. In: MIGNE, J.P. *Patr. lat.* T. 79, col. 23.

46. O *Barbelo* ou *Ennoia* desempenha o papel de *anima mundi* no sistema dos barbelognósticos. Bousset acha que a palavra *Barbelo* é uma corruptela de παρθένος. Também se traduz por "Deus está no quatro", ou "Deus é o quatro".

47. Esta ideia foi formulada no conceito da "anima in compendibus", a alma acorrentada ou prisioneira. (DORNEUS, *Speculativa Philosophia* em *Theatrum Chemicum*, I, p. 272, 298; *De Spagírico Artificio*. Op. cit., p. 457, 497). Até hoje não encontrei prova de que a filosofia medieval da natureza se tivesse apoiado em alguma tradição herética. Entretanto, as semelhanças são surpreendentes. No texto dos Comários, do século I (BERTHELOT. *Alch. Grecs*, IV, XX, 8), já aparecem os "prisioneiros do Hades". A respeito da centelha nas trevas e do espírito encerrado e aprisionado na matéria, cf. Leisegang, H. *Die Gnosis*. Leipzig: [s.e.], 1924, p. 154s. e 233. Um tema parecido é o conceito de "natura abscondita", que se encontra tanto no homem como em todas as coisas, e cuja natureza é afim à da alma. Assim diz Dorneus (*De Spagirico Artificio*, p. 457): "In humano corpore latet quaedam substantia coelestis natura paucissimis nota" (No corpo humano acha-se escondida uma certa substância celeste, cuja natureza pouquíssimos conhecem). Na sua *Philosophia Speculativa* diz este mesmo autor: "Est in rebus naturalibus veritas quaedam quae non videtur oculis externis, sed mente sola percipitur, cuius experientiam fecerunt Philosophi, eiusque talem esse virtutem compererunt, ut miracula íecerit" (Nas coisas naturais existe uma certa verdade que não pode ser vista pelos olhos do corpo, mas somente pelo espírito. Os filósofos tiveram esta experiência e verificaram que sua força é tão eficaz que opera milagres). Op. cit., p. 298. De resto, o conceito de "natureza oculta" já se encontra no Pseudo-Demócrito (BERTHELOT. *Alch. Grecs*, II, III, 6).

para que ressurgisse do "recipiente redondo" essa centelha como criação divina. Tais representações só podem basear-se na existência de certas condições psíquicas inconscientes, pois do contrário seria impossível compreender como é que sempre e em toda parte surgem tais representações fundamentais. O exemplo do sonho por nós analisado mostra até que ponto tais imagens não são meras invenções do intelecto, mas revelações naturais. É provável que elas continuem a ser encontradas de modo semelhante. Os próprios alquimistas dizem que às vezes o arcano é inspirado por um sonho[48].

153 Os antigos filósofos da natureza não só a experimentaram de um modo um tanto vago como chegaram a dizer que a substância milagrosa, cuja essência podia ser representada por meio do círculo dividido em quatro partes, era o próprio *homem*. Nos *Aenigmata Philosophorum*[49], fala-se do *homo albus* (homem branco) que nasce no recipiente hermético. Há uma relação entre esta figura e o sacerdote das visões de Zósimo. No *Livro de Crates*[50], que nos foi transmitido pelos árabes, encontramos uma importante referência no decurso de um diálogo travado entre o homem espiritual e o homem terreno (entre o homem *pneumatikós* e o homem *sarkikós* da época dos gnósticos). O homem espiritual pergunta ao homem terreno: "Es-tu capable de connaitre ton âme d'ume manière complète? Si tu la connaissais comme il convient, et si tu savais se qui peut la rendre meilleure, tu serais apte à reconnaître que les noms que les philosophes lui ont donnés autrefois ne sont point ses noms véritables... Ô noms douteux qui ressemblez aux noms veritables, que d'erreurs et d'angoisses vous avez provoquées parmi les hommes!" (És capaz de conhecer, de maneira completa, *tua alma*? Se a conhecesses como convém e se soubesses o que pode melhorá-la, reconhecerias que os nomes outrora

---

48. Um exemplo clássico é a *Visio Arislei* (*Artis Auriferae*, I, p. 146s.). Igualmente os sonhos de Zósimo (BERTHELOT. *Alch. Grecs*, III, I-VI; e JUNG, C.G. Die Visionen des Zosimos. In: JUNG, C.G. *Von den Wurzeln des Bewusstseins*. [s.l.]: [s.e.], 1954 [OC, 9/1]). Sobre a revelação do magistério através do sonho, em Sendivogius, *Parábola* (MAGNETUS. *Bibliotheca Chemica, Curiosa*, II, p. 475).

49. *Artis Auriferae*, I, p. 151.

50. BERTHELOT. *La Chimie au Moyen-Age*, III, p. 50.

dados a ela pelos filósofos não são, de modo algum, seus nomes verdadeiros... Ó nomes duvidosos, que vos assemelhais aos nomes verdadeiros, quantos erros e angústias provocastes entre os homens!) Os nomes se referem de novo à pedra dos filósofos. Num tratado atribuído a Zósimo, mas que deve pertencer ao gênero literário árabe-latino, diz-se, de modo inequívoco, acerca do *Lapis* (pedra): "E assim ela procede do homem, e tu és sua matéria-prima; encontra-se em ti, é extraída de ti e permanece inseparavelmente unida a ti"[51]. Mas é Salomão Trissmosin que o diz de modo claro[52]:

> "Estuda para ver em que consistes
> E verás então o que existe
> O que estudas, aprendes e és
> Nisso justamente tu consistes
> Tudo o que há fora de nós
> Há também dentro de nós. Amém"[52a].

E Gerardus Dorneus exclama: "Transformai-vos em pedras filosofais vivas!"[53] Praticamente não há dúvida de que não poucos dentre os que buscavam, se convenceram de que a natureza secreta da pedra é o "si-mesmo" (Selbst) humano. É evidente que este "si-mesmo" jamais foi concebido como uma essência idêntica ao eu; por isso mesmo foi descrito no começo como uma "natureza oculta" até mesmo na matéria inanimada, como um espírito, um demônio[54] ou uma centelha. Mediante a operação filosófica, concebida em sua maior parte como operação mental (*mentale*)[55], esse ser foi libertado das trevas e do cativeiro para celebrar finalmente uma ressurreição, frequentemente representada por uma apoteose e em analogia com a ressurreição de

---

51. *Rosinus ad Sarratantam*, em *Artis Auriferae*, II, p. 311 "et ita est ex homine, et tu es eius minera... et de te extrahitur... et in te inseparabiliter manet".

52. *Aureum Vellus*, p. 5.

52a. De modo semelhante se diz no *Rosarium Philosophorum*, p. 292, que só consegue fazê-lo quem for capaz de ver o seu próprio interior (*Artis Auriferae*, II, p. 292).

53. Speculativa Philosophia. *Theatrum Chemicum*, I, p. 267: "Trasmutemini... In vivos lapides philosophicos!"

54. Assim em Olimpiodoro (BERTHELOT. *Alch. Grecs*, II, IV, 43).

55. Erlösungsvorstellungen in der Alchimie (*Psychologie und Alchimie*. Op. cit. OC, 12).

Cristo[56]. Daí se depreende que em tais representações não se trata de um ser identificável com o *eu* empírico, mas sim de uma natureza divina, diversa dele ou, em termos psicológicos, de um conteúdo que se origina no inconsciente e transcende os limites da consciência.

155   Voltemos agora as experiências modernas. É evidente que estas são de natureza semelhante às representações básicas da Idade Média e da Antiguidade; daí a possibilidade de exprimi-la através de símbolos iguais ou, pelo menos, semelhantes. As representações medievais do círculo baseiam-se na ideia do microcosmo, conceito que também foi aplicado à pedra[57]. A pedra era um *mundus minor*, como o próprio homem e portanto, de um certo modo, uma imagem interior do cosmo, estendendo-se não através de uma amplidão incomensurável, mas a uma profundidade infinita, ou seja, de algo que é pequeno e inconcebivelmente diminuto. Por isso, Mylius também chamava a esse centro de *punctum corais* (centro do coração)[58].

156   A experiência formulada no mandala moderno é típica do homem que não pode mais projetar a imagem divina. Em consequência do abandono e da introjeção da imagem, acha-se ele ameaçado pela inflação e pela dissolução da personalidade. Por isso, as delimitações redondas ou quadradas do centro têm por finalidade a ereção de muros protetores ou de um *vas hermeticum*, a fim de evitar uma irrup-

---

56. Mylius (*Philosophia Reformata*, p. 106) diz que primeiro dar-se-á morte às componentes masculinas e femininas da pedra, "ut ressuscitentur resurrectione nova incorruptibili, ita quod postea sint immortales" (... para que voltem à vida numa ressurreição incorruptível, tornando-se, assim, imortais). A pedra é comparada ao futuro corpo que ressurge como *corpus glorificatum*. A *Aurea Hora* (ou *Aurora consurgens*) diz: "Simile corpori, quod in die judicii glorificatur" (Semelhante ao corpo que será transfigurado no dia do juízo. *Artis Auriferae*, I, p. 201). Cf. HOGHELANDE, *Theatrum Chemicum*, I, p. 189; *Concilium Conjugii*, em: *Ars Chemica*, 1566, p. 128; *Áurea Hora*, em: *Artis Auriferae*, I, p. 195; • DJÂBIR. Le Livre de la Miséricorde. In: BERTHELOT. *La Chimie au Moyen-Age*, III, p. 188; Le Livre d'Ostanés. In: BERTHELOT. Op. cit., p. 117; Comàrios, in: BERTHELOT. *Alch. Grecs*, IV, XX, 15; Zósimo, in: BERTHELOT. Op. cit., III, VIII, 2, e III, 2; *Turba Philosophorum*. Org. Ruska, p. 139; MAJER, M. *Symbola Áurea* e Mensae, 1617, p. 599; *Rosarium Philosophorum*, fol. 2a. IV. Ilustração.
57. Aphorismi basiliani. *Theatrum Chemicum*, IV, p. 368. • HOGHELAND, T. de. Op. cit., I, p. 178. • DORNEUS. *Congeries*. Op. cit., p. 585, e muitas outras passagens.
58. *Philosophia Reformata*, p. 21.

ção ou um desmoronamento interior. Assim, o mandala designa e apoia uma concentração exclusiva em torno do centro, isto é, em torno do "si-mesmo". Este estado de coisas não é, absolutamente, egocentrista. Pelo contrário, representa uma autolimitação sumamente necessária, cuja finalidade é a de evitar a inflação e dissociação.

Como vimos, a delimitação significa também aquilo que se designa por *temenos*, isto é, o recinto de um templo ou de algum lugar sagrado e isolado. Neste caso, o círculo protege ou isola um conteúdo ou processo interior, que não se deve misturar com as coisas de fora. Assim, o mandala repete, de forma simbólica, os meios e métodos arcaicos que antigamente constituíam as realidades concretas. Segundo indiquei anteriormente, o habitante do *temenos* era um deus. Mas o prisioneiro ou o habitante bem protegido do mandala não se parece com deus algum, porquanto os símbolos utilizados – por exemplo, estrelas, cruzes, esferas etc. – não se referem a um deus, mas a uma parte especialmente importante da personalidade humana. Dir-se-ia até que o próprio homem ou sua alma profunda é o prisioneiro ou o habitante protegido do mandala. Como os mandalas modernos apresentam paralelos surpreendentes e bem próximos em relação aos antigos círculos mágicos, em cujo centro geralmente encontramos a divindade, é evidente que no mandala moderno o homem – enquanto expressão mais profunda do "si-mesmo" – não substituiu a divindade e sim a simbolizou.

É de notar-se como este símbolo representa um acontecimento natural e espontâneo, e como constitui sempre e declaradamente uma criação do inconsciente, tal como nos mostra com clareza o sonho em questão. Se quisermos saber o que acontece quando a ideia de Deus não se acha mais projetada como realidade autônoma, a resposta é esta: o inconsciente cria a ideia de um homem deificado ou divino, encarcerado, escondido, protegido, quase sempre privado de sua personalidade e representado por um símbolo abstrato. Os símbolos contêm frequentemente alusões à representação medieval do microcosmo, como, por exemplo, o relógio do universo de meu paciente. Muitos dos processos que nos conduzem até ao mandala, e inclusive este último, parecem confirmações diretas da especulação medieval. É como se as pessoas tivessem lido os velhos tratados acerca da pedra filosofal, da água divina, da rotundidade, da quadratura, das quatro cores etc. E, no entanto, elas jamais tiveram contato com esta filosofia e seu obscuro simbolismo.

159   É difícil apreciar estes fatos em seu justo valor. Se quiséssemos, em primeira linha, destacar seu paralelismo evidente e impressionante em relação ao simbolismo medieval, deveríamos explicá-los como sendo uma espécie de regressão a modos de pensar medievais e arcaicos. Mas onde se verificam tais regressões, surge invariavelmente uma adaptação deficiente e uma falta correspondente de aptidões. Tal resultado, porém, não é de forma alguma típico da evolução psíquica aqui descrita. Pelo contrário, os estados neuróticos e dissociados melhoram consideravelmente e a personalidade total experimenta uma transformação em sentido positivo. Por esta razão, acho que não se deve julgar o processo em estudo como simples regressão, o que equivaleria a constatar a presença de um estado patológico. Eu me inclino a considerar o aparente retrocesso verificado no campo da psicologia do mandala [59] como a continuação de um desenvolvimento espiritual, que começou nos albores da Idade Média, ou talvez mais cedo ainda, nos tempos dos primeiros cristãos. Há provas documentais de que os seus símbolos existiam, em parte, já no século I. Refiro-me ao tratado grego, intitulado *Comários, o arcipreste que ensinou a arte divina a Cleópatra*[60]. O texto é de origem egípcia e não revela nenhuma influência cristã. Da mesma linha são também os textos místicos do Pseudo-Demócrito e de Zósimo[61]. Neste último percebem-se, porém, influências judaicas e cristãs, embora o simbolismo principal seja platônico e se ache intimamente vinculado à filosofia do *Corpus Hermeticum*[62].

---

59. Koepgen (*Die Gnosis des Christentums*) fala, com muito acerto, do "pensamento circular" da gnose, o que constitui outra maneira de exprimir a totalidade (simbolicamente: a rotundidade) do pensamento.

60. BERTHELOT. *Alch. Grecs*, IV, XX. Segundo F. Sherwood Taylor, A Survey of Greek Alchemy. *Journ. of Hellenist. Stud.*, L, p. 109s., muito provavelmente o texto grego mais antigo do século I. Cf. tb. HAMMER-JENSEN, I. *Die Älteste Alchemie*. Copenhague: [s.e.], 1921.

61. BERTHELOT. *Alch. Grecs*, III, Is.

62. SCOTT, W. (org.). Op. cit.

O fato de que o simbolismo relacionado com o mandala apresente uma grande afinidade com certas pistas que remontam a fontes pagãs ilumina estes fenômenos modernos de um modo muito particular. Eles prolongam uma linha de pensamento gnóstico, sem apoio direto da tradição. Se é correto o meu ponto de vista, segundo o qual toda religião constitui a manifestação espontânea de um certo estado psíquico, então o cristianismo é a formulação de um estado que predominou no começo de nossa era e se prolongou por várias centenas de anos. Mas o fato de uma determinada situação psíquica prevalecer em determinado período, não exclui a existência de estados anímicos diversos em outras épocas. Tais estados também são capazes de expressão religiosa. Durante algum tempo, o cristianismo viu-se forçado a defender sua vida contra o gnosticismo, que correspondia a um estado de alma diferente. O gnosticismo foi totalmente aniquilado e seus restos se acham de tal modo truncados que, para se ter alguma ideia de seu significado interior, torna-se necessário um estudo especializado. Entretanto, embora as raízes históricas de nossos símbolos, recuando pela Idade Média, se estendam até à Antiguidade, sua maior parte situa-se indubitavelmente no gnosticismo. Não me parece ilógico que um estado psíquico anteriormente reprimido volte a manifestar-se quando as ideias mestras da condição supressora começam a perder sua força. Embora tenha sido extinta, a heresia gnóstica perdurou por toda a Idade Média, sob uma forma de que ela própria não tinha consciência, isto é, sob o disfarce da alquimia. É bastante sabido que esta constava de duas partes, reciprocamente complementares: de um lado, a investigação química propriamente dita e, do outro, a "teoria" ou "philosophia"[63]. Segundo indica o título dos escritos do Pseudo-Demócrito, que pertence ao século I: ΦΥΣΙΚΑ ΚΑΙ ΜΥΣΤΙΚΑ[64], ambos os aspectos já pertencem ao começo de nossa era. O mesmo se pode dizer dos papiros de Leiden e dos escritos de Zósimo. Os pontos de vista dos tempos posteriores giravam em torno da seguinte ideia central: a *anima mundi* (a alma do mundo), o Demiurgo ou o espírito divino que fecundava as águas do caos inicial permaneceu em estado potencial dentro da matéria e, com isto, se

160

---

63. Cf. *Psychologie und Alchemie*. Op. cit., p. 395s. [OC, 12; § 401s.].
64. BERTHELOT. *Alch. Grecs*, II, Is.

conservou também o estado caótico inicial. Encontramos muito cedo, nos alquimistas gregos, a ideia da "pedra" que encerra um espírito[65]. A "pedra" é denominada *prima materia, hyle, caos* ou *massa confusa*. Esta terminologia alquimista se baseava no *Timeu* de Platão. Assim diz J. Ch. Steebus: "A *prima materia* que deve constituir o receptáculo ou a mãe de tudo o que foi criado e de todas as coisas visíveis, não pode ser caracterizada como terra, ar, fogo, ou água, nem em função destes ou daquilo que foi criado a partir destes elementos, mas é uma realidade invisível e informe, que encerra em si tudo o mais"[66]. Este mesmo autor também chama a *prima materia* de "terra caótica primitiva, matéria, caos, abismo, mãe de todas as coisas... Essa matéria caótica primitiva... foi fecundada pela chuva do céu e dotada por Deus das inúmeras ideias de todas as espécies..."[67] Ele esclarece como o espírito de Deus desceu na matéria e em que se transformou, nesta última: "O espírito de Deus fecundou as águas superiores num processo singular de incubação, e fez com que se tornassem, por assim dizer, leitosas... Este processo de incubação do Espírito Santo produziu nas águas supraceleste (segundo Gn 1,6s.) uma força sutilíssima que a tudo penetra e aquece e, unindo-se à luz, gerou no reino mineral inferior a serpente de Mercúrio o que se refere também ao caduceu de Esculápio, dado que a serpente constitui a origem da *medicina catholica* (a Panaceia), impregnou o reino vegetal com o abençoado verdor (a clorofila) e o reino animal com o poder plasmático, de tal modo que se pode dizer, com razão, que o Espírito supraceleste das águas, unido à luz, é a *anima mundi*[68]. As águas infe-

---

65. Ibid., III, VI.

66. "Materia prima quae receptaculum et mater esse debet ejus quod factum est et quod videri potest, nec terra, nec aer, nec ignis, nec aqua debet dici, neque quae ex his, neque ex quibus haec facta sunt, sed species quaedam, quae videri non potest et informis est et omnia suscipit". *Coelum Sephiroticum*, p. 26.

67. "Primaeva terra chaotica, Hyie, Chaos, abyssus, mater rerum... Prima illa chaotica matéria... Coeli influentis humectata, insuper a Deo innumerabilibus specierum Ideis exornata fuit..." (ibid.).

68. "Spiritum Dei aquas superiores singulari totu foecundasse et velut lácteas effecisse... Produxit ergo spiritus sancti fotus in aquis supracoelestibus virtutem omnia subtilissime penetrantem et foventem, quae cum luce combinans, in inferiorem Regno minerali serpentem mercurii, in vegetabili benedictam viriditatem, in animali plasticam virtutem progenerat, sic ut spiritus supracoelestis aquarum cum luce maritatus, anima mundi mérito appellari possit" (op. cit., p. 33).

riores (pelo contrário) são tenebrosas e absorvem as emanações da luz em seu seio cavernoso"[69]. Esta doutrina basear-se-ia na lenda gnóstica do *Nous*, segundo a qual este desce das esferas superiores e é aprisionado pelo abraço de *Physis*. O mercúrio dos alquimistas é um *volatile*. Abu'1-Qāsim-Muhammad:[70] fala de "Hermes o volátil" (p. 37) e em muitas passagens Mercúrio é chamado *spiritus*. Além disso, foi considerado também como *Hermes psychopompos*, isto é, como aquele que mostra o caminho do paraíso[71]. Este é exatamente o papel de um salvador que em Ἑρμοῦ πρὸς Τάτ[72] é atribuído ao *Nous*. Para os pitagóricos, a alma é quase totalmente devorada pela matéria, excetuando-se a razão[73]. Hortulanus, no antigo *Comentariolus in Tabulam Smaragdinam*, fala de *massa confusa*, ou do *chāos confusum*, a partir do qual foi criado o mundo e de onde procede também a pedra *(Lapis)* mística. Esta última foi comparada ao Cristo, desde o início do século XIV[74]. Orthelius escreve o seguinte: "Nosso Salvador Jesus Cristo [...] participa de duas naturezas. Por conseguinte, este nosso Salvador terreno é constituído de duas partes: uma celeste e outra terrena [...]"[75]. Do mesmo modo, identificou-se o Mercúrio aprisionado na matéria com o Espírito Santo. Johannes Grasseus cita as seguintes palavras: "O dom do Espírito Santo [...] ou chumbo dos sábios, designado por estes como chumbo de bronze, no qual se oculta uma pomba branca resplandescente, chamada sal dos metais, é em que consiste o processo da obra"[76]. No tocante à extração e transformação do caos, diz Christophorus de Paris: "Neste caos, efetivamen-

---

69. "Aquae inferiores tebricosae sunt, et luminis effluvia intra sinuum capacitates absorbent" (ibid., p. 33).
70. *Kitab al'ilm al muktasab*. Org. E.J. Holmyard, 1923.
71. Cf. MAJER, M. *Symbola aureae mensae*. Op. cit., p. 529.
72. SCOTT, W. (org.). Op. cit., I, p. 149s.
73. Cf. ZELLER, E. Op. cit., III, II, p. 158.
74. BONUS, Petrus. Op. cit.
75. "Salvator noster Christus Jesus... duarum naturarum... particeps est: Ita quoque *terrenus iste salvator* ex duabus partibus constat, scl. coelesti et terrestri..." *Thesaurum Chemicum*, VI, p. 431.
76. "Spiritus Sancti donum... hoc est, plumbum Philosophorum, quod plumbum aeris appellant, in quo splendida columba alba inest, quae sal metallorum vocatur, in quo magisterium operis consistit": Arca Arcani. *Theatrum Chemicum*, VI, p. 314.

te, encontra-se em estado potencial aquela substância e natureza preciosa, envolta na massa confusa dos elementos reunidos. Por isso, a razão humana deve incubá-la, para que o nosso céu *(coelum nostrum)* passe da potência ao ato"[77]. Este *coelum nostrum* se refere ao microcosmo e é chamado também de *quinta essentia*. *Coelum* é o *incorruptibile* e o *immaculatum*. Johannes de Rupescissa chama a *quinta essentia* de *le ciei humain* (céu humano)[78]. É evidente que os filósofos transferiram a visão do círculo azul e de ouro para o *aurum philosophicum* (ouro filosofal, chamado de *rotundum*) [79] e à sua quinta essência azul. Segundo o testemunho de Bernardus Silvestris, contemporâneo de William Von Champeaux (1070-1121), as expressões *chaos* e *massa confusa* eram de uso corrente. Sua obra: *De Mundi Universitate Libri duo sive Megacosmus et Microcosmus*[80] exerceu uma ampla influência. Ela trata da confusão da matéria primordial, isto é, da *hyle*[81], da "matéria dominante, do caos informe, de uma mistura discordante dos aspectos da substância, uma massa sem cor e sem harmonia..."[82], "massa confusionis"[83]. Bernardus também menciona o *descensus spiritus* (descida do espírito): "Quando Júpiter desce ao seio da esposa, o mundo inteiro é abalado, compelindo a terra a dar à luz"[84]. Outra variante é a ideia do rei submerso ou escondido no mar[85]. Por isso, os filósofos ou "filhos da sabedoria" – como eles próprios se chamavam – achavam que a

---

77. "In hoc chaote profecto in potentia existit dieta pretiosa substantia et natura in una elementorum unitorum massa confusa. Ideoque ratio humana in id incumbere debet ut coelum nostrum ad actum deducat". Elucidarius artis transmutatoriae. *Theatrum Chemicum*, VI, p. 228s.
78. *La Vertu et la propriété de la Quinte Éssence*, Lyon: [s.e.], 1581, p. 18.
79. Cf. MAJER, M. *De Circulo*. Op. cit., p. 15.
80. Org. Barach e Wrobel, Innsbruck: [s.e.], 1876.
81. "Primae materiae, id est hyles, confusio" (ibid., p. 5, 18).
82. "Silva regens, informe chaos, concretio pugnax usiae vultus, sibi dissona massa discolor..." (ibid., p. 7, 18-19).
83. Ibid., p. 56, 10.
84. "Coniugis in gremium Jove descendente movetur Mundus et in partum urgeat omnis humum".
85. Cf. MAJER, M. *Symbola aureae mensae*. Op. cit., p. 380; Visio Arislei. *Artis Auriferae*, p. 146s.

prima materia era uma parte do caos primordial grávido do espírito. Por "espírito" eles entendiam o *pneuma* semimaterial, uma espécie de *subtle body* (corpo sutil) de matéria finíssima, que também chamavam de *volatile*, identificando-o quimicamente com óxidos e outros compostos separáveis. Deram ao espírito o nome de mercúrio, o qual, ainda que corresponda ao conceito químico de mercúrio, como *Mercurius noster*, não era o Hg comum; filosoficamente, designava Hermes, o deus da revelação que, sob o aspecto de Hermes Trismegisto, era o pai da alquimia[86]. Eles tencionavam extrair o espírito divino primordial do caos: este extrato foi chamado de *quinta essentia, aqua permanens, hydor theion, baphe* ou *tinctura*. Como já mencionamos, Rupescissa, insigne alquimista (morto por volta de 1357), chama a quinta essência de *le ciel humain* (céu humano). Segundo dizia, era um líquido azul e indestrutível como o céu. Afirmava ter a quinta essência a cor do céu: "et notre soleil l'a orne, tout ainsi que le soleil orne le ciel" (e nosso sol adornou-a, do mesmo modo que o sol orna o céu). O sol é uma alegoria do ouro. Diz: "Iceluy soleil est vray or" (Este sol é verdadeiro ouro). E continua: "Ces deux choses conjointes ensemble, influent en nous [...] les conditions du Ciei des cieux, et du Soleil céleste" (Estas duas coisas juntas nos influenciam [...] as condições do Céu dos céus e do Sol celeste). Evidentemente, sua ideia é de que a quinta essência, o céu azul e o sol do céu, produzem em nós as correspondentes imagens do céu e do sol celeste. É a imagem de um microcosmo azul e de ouro[87], que eu gostaria de comparar com a visão celeste de Guillaume. Mas as cores foram invertidas: em Rupescissa o disco é de ouro e o céu é azul. Meu paciente se acha mais do lado dos alquimistas, por ordenar as cores de modo análogo.

O líquido miraculoso, a água divina, que se chama céu, refere-se às águas supracelestes de Gn l,6s. Em seu aspecto funcional imaginaram-na como uma espécie de água batismal que, a modo da água benta da Igreja, possui uma propriedade criadora e transforma-

---

86. Por exemplo: o Gênio do planeta Mercúrio revela os mistérios ao Pseudo-Demócrito (BERTHELOT. *Alch. Grecs*, I, Introductio, p. 236).

87. Djabir, no *Livre de la Miséricorde*, diz que a pedra filosofal corresponde ao microcosmo (BERTHELOT. *La Chimie au Moyen-Age*, III, p. 178).

dora[88]. Ainda hoje a Igreja Católica celebra o rito da *benedictio fontis* (bênção da fonte) do *Sabbathum sanctum* na vigília pascal[89]. O rito consiste, entre outras coisas, no *descensus spiritus sancti in acquam* (descida do espírito santo na água). Com isto, a água comum adquire a propriedade divina de transformar o homem e proporcionar-lhe o novo nascimento espiritual. Esta é, precisamente, a ideia que os alquimistas tinham da água divina, e não haveria dificuldade alguma em derivar o *aqua permanens* do rito da *benedictio*

---

88. É difícil não admitir que os alquimistas tenham sido influenciados pelo estilo alegórico da literatura patrística. Eles pretendem, inclusive, que alguns padres como Alberto Magno, Tomás de Aquino e Alano de Insulis tenham sido representantes da Arte Regia. Um texto como o da *Aurora Consurgens* está repleto de interpretações alegóricas da Sagrada Escritura, e chegou-se ao ponto de atribuí-lo a Tomás de Aquino (cf. o trabalho de Dr. M.L. von Franz, aparecido depois desta época: *Aurora Consurgens*. In: JUNG, C.G. *Mysterium Conjunctionis*, III. OC, 14). De qualquer modo, a água foi empregada como "allegoria spiritus sancti" (alegoria do Espírito Santo) "Aqua viva gratia Spiritus Sancti" (A graça do Espírito Santo é uma água viva). Ruperto, abade de Deutz, in: MIGNE, J.P. *Patr. lat*. T. 169, col. 353). "Aqua fluenta Spiritus Sancti" (A água fluente do Espírito Santo). Bruno, bispo de Würzburg (In: MIGNE, J.P. Op. cit., T. 142, col. 293). A água é também uma "allegoria humanitatis Christi" (alegoria da humanidade de Cristo) (Gaudentius, In: MIGNE, J.P. Op. cit., T. 20, col. 983). A água aparece muito frequentemente como orvalho (ros Gedeonis). O orvalho é também uma allegoria Christi: "ros in igne visus est" (O orvalho foi visto no fogo. ROMANUS. De Theophania. In: PITRA. *Analecta Sacra*. Paris: [s.e.], 1876, I, p. 21). "Nunc in terra ros Gedeonis fluxit" (Agora o orvalho de Gedeão desceu sobre a terra. ROMANUS. De Nativitate. In: MIGNE, J.P. Op. cit., p. 237). Os alquimistas opinavam que a *aqua permanens* estava dotada de uma força capaz de transformar um corpo em espírito e conferir-lhe a propriedade da indestrutibilidade (*Turba Philosophorum*. Org. Ruska, 1931, p. 197). A água chamava-se também *acetum* (vinagre) "quo Deus perficit opus, quo et corpora spiritus capiunt et spiritualia fiunt (mediante o qual Deus realiza sua obra e os corpos recebem o Espírito e também se tornam espirituais) (*Turba*, p. 129). A *Turba* é um antigo tratado do século XII, traduzido de uma compilação originalmente árabe, dos séculos IX e X (Ruska). Seu conteúdo, no entanto, procede de fontes helenísticas. A alusão cristã ao *spiritualis sanguis* talvez provenha de influências bizantinas. A *aqua permanens* é o mercúrio, o *argentum vivum* (prata viva) (Hg). "Argentum vivum nostrum este aqua clarissima nostra" (Nosso mercúrio é a nossa água claríssima) (Rosarium Philosophorum. Artis *Auriferae*, II, p. 231. A *aqua* também se chama "fogo" (*ignis*, ibid., p. 218). O corpo é transformado pela água e pelo fogo, o que constitui um paralelo perfeito da ideia cristã do batismo e da transformação espiritual.

89. *Missale Romanum*. O rito é antigo e conhecido como benedictio *maior* (ou major) salis et aquae (bênção menor [ou maior] do sal e da água), aproximadamente a partir do século VIII.

fontis, se a "água eterna" não fosse de origem paga e, sem dúvida, a mais antiga das duas. Encontramos a água miraculosa nos primeiros tratados de alquimia grega, que datam do século I[90]. De resto, o *descensus spiritus* é também uma representação gnóstica que exerceu enorme influência sobre Manes. E possivelmente foram influências maniqueias que contribuíram para converter tal representação na ideia capital da alquimia latina. O intuito dos filósofos era transformar quimicamente a matéria imperfeita em ouro, na Panaceia ou *elixir vitae* (elixir da vida), e, filosófica ou misticamente, no hermafrodita divino, no segundo Adão[91], no corpo de ressurreição, glorificado e imortal[92] ou na *lumen luminum* (luz das luzes)[93], na iluminação do

---

90. "*Isis*, die Prophetin, zu ihrem Sohn Horos" (BERTHELOT. *Alch. Grecs*. I, XIII), um anjo leva a Isis um pequeno vaso cheio de água transparente, o *arcanum*. Isto representa um paralelo à copa de Hermes (*Corpus Hermeticum*. Lib. I) e aquela que se encontra em Zósimo (BERTHELOT. Op. cit., II, LI, 8), cujo conteúdo é o Nous. Na obra φυσιχα χαì μυστιχά do Pseudo-Demócrito (BERTHELOT. Op. cit., II, I, 63) diz-se que a água divina, ao levar a "natureza escondida" para a superfície, opera a transformação. No tratado de Comários, encontramos as águas miraculosas que produzem uma nova primavera (BERTHELOT. Op. cit., IV, XX, 9, ou a tradução à p. 281).

91. Gnosius (*Hermetis Trismegisti Tractatus vere Aureus* etc, cum Scholiis Dominici Gnosii, 1610, p. 44 e 101) fala do "Hermaphroditus noster Adamicus", quando trata da quaternidade dentro do círculo. O centro é um "mediator pacem faciens inter inimicus" (um mediador que estabelece a paz entre os inimigos) e, portanto, um evidente símbolo unitivo (cf. acima, § 150; cf. tb. a definição de "símbolo" em *Psychologische Typen*). O hermafrodita provém da "serpens se ipsum impregnans" (da serpente que se fecunda a si mesma). Cf. *Artis Auriferae*, I, p. 303), que não é senão Mercúrio, a *anima mundi* (MAJER, M. *Symbola Aureae Mensae*. Op. cit., p. 43; e BERTHELOT. Op. cit. I, 87). O *Ouroboros* é um símbolo hermafrodita. O hermafrodita é também chamado *Rebis* ("feito de dois") e é representado muitas vezes por uma apoteose (por exemplo, no Rosarium Philosophorum, em *Artis Auriferae*, II, p. 291 e 359; o mesmo em REUSNER, *Pandora*. Op. cit., p. 253).

92. A *Aurea Hora* (primeira parte) diz, citando Senior: "Est unum quod nunquam moritur, quoniam augmentatione perpetua perseverat; cum corpus glorificatum fuerit in resurrectione novíssima mortuorum... Tunc Adam secundus dicet priori et filiis suis: Venite benedicti pratis mei" (Há um ser que nunca morre, porque aumenta continuamente; quando os corpos forem glorificados na última ressurreição dos mortos... Então, o segundo Adão dirá ao primeiro Adão e a seus filhos: vinde, benditos de meu Pai...).

93. Por exemplo, Alphidius (que provavelmente pertence ao século XII): "Lux moderna ab eis gignitur, cui nulla lux similis est per totum mundum" ("Geram uma nova luz, que não tem semelhante em todo o mundo": Rosarium Philosophorum. *Artis Auriferae*, II, p. 248; o mesmo em Hermes, XX, *Tractatus Aureus*).

espírito humano, ou *sapientia* (sabedoria). Conforme já tive ocasião de mostrar, com Richard Wilhelm, a alquimia chinesa criou a mesma ideia, ao afirmar que o objetivo do *opus magnum* (a grande obra) era criar o "corpo diamantino"[94].

162   Todos estes paralelos nada mais significam do que uma simples tentativa de ordenar historicamente minhas observações psicológicas. Sem a conexão histórica, elas ficariam suspensas no ar e não passariam de mera curiosidade, embora uma grande quantidade de outros exemplos pudesse ser comparada com sonhos aqui descritos. A título de exemplo, menciono a série de sonhos de uma jovem senhora. O sonho inicial se refere principalmente à lembrança de uma experiência real: tratava-se de uma cerimônia batismal de uma seita protestante que se realizara em condições particularmente grotescas e até mesmo chocantes. O material associado que disso resultou foi um precipitado de todas as suas decepções no plano religioso. O sonho que se seguiu, porém, mostrou-lhe uma imagem que ela absolutamente não compreendeu e muito menos soube relacionar com o sonho precedente. Bastaria, no entanto, antepor as palavras: "em contraposição" ao segundo sonho, para facilitar sua compreensão. O sonho em questão é o seguinte:

Ela se encontra num planetário, espaço muito impressionante, coberto pela abóboda celeste. Em cima, no firmamento, brilham dois astros, um dos quais é branco: é Mercúrio. O outro irradia ondas luminosas vermelhas, e ela não o conhece. Percebe então que as paredes abaixo da abóboda estão ornadas de afrescos. Mas ela só reconhece claramente uma das pinturas: é uma antiga representação do modo pelo qual Adônis nasceu de uma árvore.

163   Nossa paciente interpreta as "ondas de luz vermelha" como "afetos calorosos", como "amor". E acha que o astro, então, seria *Vênus*. O quadro de um deus que nasce de uma árvore, ela o vira certa vez num museu, ocasião em que viera a saber que Adônis (Átis), como *deus que morre e ressuscita*, é também um deus do *novo nascimento*.

164   No primeiro sonho encontra-se uma crítica violenta à religião eclesiástica, e no segundo dá-se a visão mandálica de um relógio do

---

94. Cf. *Das Geheimnis der goldenen Blüte*. Op. cit.

universo, uma vez que o planetário corresponde plenamente a semelhante relógio. No firmamento se acha, unido, o casal de deuses, ele branco e ela vermelha, ao contrário do famoso par da alquimia, em que ele é vermelho e ela é branca, chamando-se ela, portanto, *Beya* (em árabe: *al baida*: a branca) e ele, *servus rubeus* (o escravo vermelho), embora, na sua qualidade de Gabricius (em árabe: *kibrit*: enxofre), ele seja seu irmão régio. O par divino lembra a alegoria cristã de Guillaume de Digulleville. A alusão ao nascimento de Adônis corresponde aos sonhos já citados de meu paciente, que se relacionavam com ritos misteriosos de criação e renovação[95].

Pois bem, estes dois sonhos constituem uma ampla repetição das ideias de meu paciente, embora não tenham nada em comum a não ser a miséria espiritual de nosso tempo. Como já expus anteriormente, a ligação do simbolismo espontâneo moderno com as teorias e crenças da Antiguidade não se faz por meio de uma tradição direta ou indireta, ou mesmo secreta, como muitas vezes se tem pensado, não havendo neste sentido testemunhos convincentes[96]. A indagação mais cuidadosa jamais provou que meus pacientes tivessem tido acesso aos livros que tratam destes assuntos, ou então recebido outras informações concernentes a essas ideias. Parece que seu inconsciente trabalhou na mesma direção de pensamento que voltara a manifestar-se repetidas vezes durante os dois últimos milênios. Semelhante continuidade só pode ocorrer se admitirmos que existe certa condição inconsciente, como que um *a priori* herdado. Tal suposição não implica, naturalmente, uma herança de representação, cuja existência seria difícil, e mesmo impossível, de provar. Suponho, antes, que a qualidade herdada é algo assim como a possibilidade formal de produzir as mesmas ideias ou, pelo menos, ideias semelhantes. A uma tal possibilidade chamei de "arquétipo". Entendo, pois, por arquétipo uma qualidade ou condição estrutural própria da psique que, de algum modo, acha-se ligada ao cérebro.

À luz de tais paralelos históricos, o mandala simboliza, quer o ser divino que dormitava até então oculto no corpo, sendo agora extraí-

---

95. Cf. *Psychologie und Alchemie*. Op. cit.
96. Cf. WAITE, A.E. *The Secret Tradition in Alchemy*. Londres: [s.e.], 1926.

do e vivificado, quer o recipiente ou lugar no qual se realiza a transformação do homem no ser "divino". Sei perfeitamente que tais formulações evocam inevitavelmente especulações metafísicas desenfreadas. Lamento tal vizinhança com o extravagante, mas é isto, precisamente, o que o coração humano produz e sempre produziu. Uma psicologia que admita a possibilidade de prescindir desses fatos será forçada a excluí-los artificialmente. Eu consideraria este modo de proceder um preconceito filosófico inadmissível do ponto de vista empírico. Talvez devesse acentuar ainda que mediante tais formulações não estatuímos qualquer verdade metafísica. Trata-se unicamente de constatar que o espírito funciona deste modo. É um fato também que meu paciente se sentiu consideravelmente melhor depois da visão do mandala. Se se compreende o problema que esta visão solucionou para ele, também se compreenderá por que meu paciente experimentou uma sensação da mais "sublime harmonia".

167 Se fosse possível, não hesitaria um só momento em suprimir toda especulação a respeito das possíveis consequências de uma experiência obscura e longínqua como a do mandala. Mas este tipo de experiência não é, para mim, nem obscuro nem longínquo. Muito pelo contrário: trata-se de um fato que observo quase todos os dias em minha vida profissional. Conheço um número consideravelmente grande de pessoas que, se quiserem viver, devem levar a sério sua experiência íntima. Empregando uma linguagem pessimista: não lhes resta senão escolher entre o diabo e belzebu. O diabo é o mandala ou algo equivalente, e belzebu é sua neurose. Um racionalista bem-pensante poderia dizer que eu expulso belzebu e o diabo, ao mesmo tempo, e substituo uma neurose honrada pelo engodo de uma fé religiosa. A respeito do primeiro item nada tenho a dizer, pois não sou perito em metafísica, mas em relação ao segundo, devo observar que não se trata de uma questão de fé, mas de *experiência*. A experiência religiosa é algo de absoluto. Não é possível discutir acerca disso. Uma pessoa poderá dizer que nunca teve uma experiência desse gênero, ao que o oponente replicará: "Lamento muito, mas eu a tive". E com isto se porá termo a qualquer discussão. É indiferente o que pensa o mundo sobre a experiência religiosa: aquele que a tem, possui, qual inestimável tesouro, algo que se converteu para ele numa fonte de vida, de sentido e de beleza, conferindo um novo brilho ao mundo e à humanidade. Ele tem

pistis e paz. Qual o critério válido para dizer que tal vida não é legítima, que tal experiência não é válida sendo essa *pistis* mera ilusão? Haverá uma verdade melhor, em relação às coisas últimas, do que aquela que ajuda a viver? Eis a razão pela qual eu levo a sério os símbolos criados pelo inconsciente. Eles são os únicos capazes de convencer o espírito crítico do homem moderno. Eles convencem, subjetivamente, por razões antiquadas: são *imponentes, convincentes*, palavra que vem do latim *convincere*, e significa *persuadir*. O que cura a neurose deve ser tão *convincente* quanto a própria neurose, e como esta é demasiado real, a experiência benéfica deve ser dotada de uma realidade equivalente. Numa formulação pessimista: deverá ser uma ilusão muito real. Mas que diferença há entre uma ilusão real e uma experiência religiosa curativa? É uma diferença de palavras. Poder-se-ia dizer, por exemplo, que a vida é uma enfermidade com um diagnóstico muito desfavorável: prolonga-se por vários anos, para terminar com a morte; ou que a normalidade é um defeito constitutivo generalizado; ou que o homem é um animal cujo cérebro alcançou um super desenvolvimento funesto. Esta maneira de pensar é privilégio daqueles que estão sempre descontentes e sofrem de má digestão. Ninguém pode saber o que são as coisas derradeiras e essenciais. Por isso, devemos tomá-las tais como as sentimos. E se uma experiência desse gênero contribuir para tornar a vida mais bela, mais plena ou mais significativa para nós, como para aqueles que amamos – então poderemos dizer com toda a tranquilidade: "Foi uma graça de Deus".

Com isto, não demonstramos qualquer verdade sobre-humana, e devemos reconhecer com toda a humildade que a experiência religiosa *extra ecclesiam* (fora da Igreja) é subjetiva e se acha sujeita ao perigo de erros incontáveis. A aventura espiritual do nosso tempo consiste na entrega da consciência humana ao indeterminado e indeterminável, embora nos pareça – e não sem motivos – que o ilimitado também é regido por aquelas leis anímicas que o homem não imaginou, e cujo conhecimento adquiriu pela "gnose" no simbolismo do dogma cristão, e contra o qual só os tolos e imprudentes se rebelam; nunca, porém, os amantes da alma.

Referências*

A. *Coletâneas antigas de tratados de alquimia de diversos autores*

ARS CHEMICA, quod sit licita recte exercentibus, probationes doctissimorum iurisconsultorum. Argentorati (Estrasburgo): [s.e.], 1566 [Hermes Trismegisto].

Tratados referidos neste volume:

Septem tractatus seu capitula Hermetis Trismegisti aurei (p. 7-31, geralmente citado como "Tractatus aureus").

Hortulanus: Commentariolus in Tabulam smaragdinam (p. 33-47). Studium Consilii coniugii de massa solis et lunae (p. 48-263), geralmente citado como "Consilium coniugii").

ARTIS AURIFERAE quam chemiam vocant, volumen primun: quod continent Turban Philosophorum aliosque antiquissimos autores. 2 vols. Basilea: Konrad Waldkirch per a C. de Marne i J. Aubry, 1593.

Tratados referidos neste volume:

Vol. I

Turba philosophorum a) 1ª versão, p. 1-65; b) outra versão, p. 66-139]. Aurora consurgens, quae dicitur Aurea hora (p. 185-246). (Zosimus) Rosinus ad Sarratantam episcopum (p. 277-319).

Tractatulus Avicennae (p. 405-437).

Liber de arte chimica (p. 575-631).

Vol. II

Rosarium philosophorum (p. 204-284; contém uma 2ª versão da "Visio Arislei", p. 246s.).

---

* As referências estão organizadas em ordem alfabética e se dividem em duas partes: A. Coletâneas antigas de tratados de alquimia de diversos autores. B. Bibliografia geral, com referências aos assuntos da parte A.

AUREUM VELLUS, oder Güldin Schatz und Kunstkammer... von dem... bewehrten Philosopho Salomone Trissmosino. Rorschach [s.e.], 1598.

Tratado referido neste volume:

(Trissmosin) Splendor solis (Tractatus III, p. 3-59).

MANGETUS, J.J. (org.). BIBLIOTECA CHEMICA CURIOSA, seu Rerum ad alchemiam pertinentium thesaurus instructissimus... 2 vols. Genebra (Colloniae Allobrogum): [s.e.], 1702.

Tratados referidos neste volume:

Vol. I

Hermes Trismegistus: Tractatus aureus de lapidis physici secreto (p. 400-445).

Turba philosophorum (p. 445-465; outra versão, p. 480-494).

Vol. II

Bonus: Margarita pretiosa novella correctissima (p. 1-80).

Rosarium philosophorum (p. 87-119).

Consilium coniugii seu De massa solis et lunae libri III (235-266).

Sendivogius: Novum lumen chemicum (p. 463-473).

Sendivogius: Parábola, seu aenigma philosophicum (p. 474-475).

MUSAEUM HERMETICUM reformatum et amplificatum... continens tractatus chimicos XXI praestantissimos... Francofurti, 1678.

Tratados referidos neste volume:

Sendivogius: Novum lumen chemicum e naturae fonte et manuali experientia depromptum (p. 545-600).

Sendivogius: Novi luminis chemici tractatus alter de sulphure (p. 601-646).

THEATRUM CHEMICUM, praecipuos selectorum auctorum tractatus... continens. 6 vols. Ursellis et Argentorati (Estrasburgo) : [s.e.], 1602/1661. [Vols. I-III, Ursel, 1602; vols. IV-VI, Estrasburgo, 1613, 1622, respectiv. 1661].

Tratados referidos neste volume:

Vol. I

Dorneus: Speculativae philosophiae, gradus septem vel decem continens (p. 255-310).

Dorneus: De spagirico artificio Trithemii sententia (p. 437-450).

Dorneus: De tenebris contra naturam et vita brevi (p. 518-535).

Dorneus: De duello animi cum corpore (p. 535-550).

Dorneus: Congeries Paracelsicae chemiae de transmutationibus metallorum (p. 557-646).

Vol. IV

Raymundus Lullius: Theoria et practica (p. 1-191).

Aphorismi Basiliani sive canones hermetici. De spiritu, anima, et corpore medio majoris et minoris mundi (p. 368-371).

Hermetis Trismegisti tractatus aureus de lapidis philosophici secreto (p. 672-797).

Vol. V

Bonus: Preciosa margarita novella (p. 589-794).

Vol. VI

Orthelius: Epilogus et recapitulatio... in Novum lumen chymicum Sendivogii (p. 430-458).

B. Bibliografia geral

ADLER, G. *Entdeckung der Seele*. – Von Sigmund Freud und Alfred Adler zu C.G. Jung. Zurique: [s.e.], 1934 [Prefácio de C.G. Jung].

AGOSTINHO. Sermones. In: MIGNE, J.P. (org.). *Patr. lat*. Vol. 38, col. 1006. Paris: Migne, 1844/1880.

ALPHIDIUS. Rosarium philosophorum. In: *Artis auriferae*... Vol. II. Basileia: [s.e.], 1593.

ATANÁSIO, bispo de Alexandria. Life of St. Antony. In: BUDGE, Sir E.A.W. *The Book of Paradise*. By Palladius, Hieronymus etc. (Lady Meux Ms. N. 6). Vol. 1. Londres: [s.e.], 1904, p. 3-108. [2 vols.].

AVALON, A. (Sir John Woodroffe) (org.). *Shri-Chakra-Sambhâra Tantra*. Tantric Texts, 7. Londres: [s.e.], 1919 [Trad. por Kazi Dawa-Samdup].

AVICENA (Pseudo-). Rosinus ad Sarratantam. In: *Artis Auriferae*. Vol. I. Basileia: [s.e.], 1593, p. 309.

BASTIAN, A. *Ethnische Elementargedanke in der Lehre vom Menschen*. 2 vols. Berlim: [s.e.], 1895.

_____. *Der Völkergedanke im Aufbau einer Wissenschaft vom Menschen*. Berlim: [s.e.], 1881.

_____. Die Vorstellungen von der Seele. In: VIRCHOW, R. & HOLTZENDORFE, F.V. *Coletânea de exposições científicas para divulgação*. 10ª série, fasc. 226. Berlim: [s.e.], 1875.

_____. *Das Beständige in den Menschenrassen*. Berlim: [s.e.], 1868.

BAUMGARTNER, M. Die Philosophie des Alanus de Insulis. In: BÄUMKER, C. & HERTLING, G.F. v. *Beiträge zur Geschichte der Philosophie des Mittelalters*. Vol. II, fasc. 4. Münster: [s.e.], 1896.

BAYNES, C.A. *A Coptic Gnostic Treatise Contained in the Codex Brucianus* – Bruce MS, 96, Bodleian Library. Oxford, Cambridge: [s.e.], 1933.

BERNARDO. Vitis mystica. In: MIGNE, J.P. *Patr. lat.* T. 184, col. 635s.

BERTHELOT, M. *La chimie au moeyen âge*. 3 vols. Paris: [s.e.], 1893.

_____. *Collection des anciens alchimistes grecs*. Paris: [s.e.], 1887/1888.

BOEHME, J. *Vierzig Fragen von der Seele*. Amsterdã: [s.e.], 1682.

BONUS, P. *Pretiosa margarita novella de thesauro ae pretiosissimo philosophorum lapide...* Veneza: [s.e.], 1546 [Org. por Janus Lacinius Calabrus].

BUDGE, E.A.W. *Osiris and the Egyptian Resurrection*. 2 vols. Londres: [s.e.], 1911.

_____. *The Book of Paradise*. 2 vols. Londres: [s.e], 1904.

_____. *The Book of the Dead*. Facsimiles of the Papyrus of Hunefer etc. Londres: [s.e.], 1899.

BUSSELL, F.W. *Religious Thought and Heresy in the Middle Ages*. Londres: [s.e.], 1918.

CÍCERO, M.T. *De inventione rhetorica*. [s.n.t.].

_____. Pro Coelio. Opera Omnia. Lugduni, 1588.

CRAWLEY, A.E. *The Idea of the Soul*. Londres: [s.e.], 1909.

DANIEL, H.A. *Thesaurus Hymnologicus*. 5 vols. Halle/Leipzig: [s.e.], 1841-1856.

DELACOTTE, J. *Guillaume de Digulleville...* Trois romans-poèmes du XIVeme siècle. Paris: [s.e.], 1932.

DIELS, H. *Die Fragmente der Vorsokratiker*. 3 vols. 6. ed. Berlin, 1951-1952.

DIETERICH, A. *Eine Mithrasliturgie*. 2. ed. Leipzig: [s.e.], 1910.

DUNBAR, H.F. *Symbolism in Medieval Thought and its Consummation in the Divine Comedy*. New Haven: [s.e.], 1929.

EISLER, R. *Orpheus*, the Fisher. Londres: [s.e.], 1921.

_____. *Weltenmantel und Himmelszelt*. 2 vols. Munique: [s.e.], 1910.

ELIADE, M. *Le chamanisme et les techniques archaiques de 1. extase*. Paris: [s.e.], 1951.

EMERSON, R.W. *Essays*. Boston/Nova York: [s.e.], 1903.

EVANS-WENTZ, W.Y. (org.). *Das tibetanische Totenbuch*. 6. ed. Zurique: [s.e.], 1960.

FENN, G.M. *Running Amok*. Londres: [s.e.], 1901.

FIERZ-DAVID, L. *Der Liebestraum des Poliphilo* – Ein Beitrag zur Psychologie der Renaissance und der Moderne. Zurique: [s.e.], 1947.

FOERSTER-NIETZSCHE, E. *Der werdende Nietzsche*. Munique: [s.e.], 1924.

FRANZ, M.-L. von. *Aurora*. Ein dem Thomas von Aquin zugeschriebenes Dokument der alchemistischen Gegensatzproblematik. Edit. e coment. por M.-L. v. FRANZ. In: JUNG,C.G. *Mysterium Coniunctionis*. Vol. III. Zurique: [s.e.], 1957.

_____. Die Passio Perpetuae. In: JUNG,C.G. *Aion*. Zurique: [s.e.], 1951.

FRAZER, J.G. *Taboo and the Perils of the Soul* (The Golden Bough, Part II). Londres: [s.e.], 1911.

_____. *Adonis, Attis, Osiris* (The Golden Bough. Part IV). 2 vols. 2. ed. Londres: [s.e.], 1907.

FREUD, S. "Die Zukunft einer Illusion". *Ges. Schriften*. Vol. XI. Viena: [s.e.], 1928.

_____. Die Traumdeutung. *Ges. Schriften*. Vol. II. Viena: [s.e.], 1925.

GAUDÊNCIO, B. Bispo. Sermones. In: MIGNE, J.P. *Patr. lat.*, t. 20, col. 827s.

GEBER (DJABIR IBN-HAYYAN). Livre de la miséricorde. In: BERTHELOT. *La chimie au moyen-âge*. Vol. III, p. 163-190.

Gilgamesch-Epos. Stuttgart: [s.e.], 1934 [Trad. de Alfr. Schott].

GNOSIUS, D. *Hermetis Trismegisti tractatus vere aureus...* cum scholiis Dominici Gnosii. Leipzig: [s.e.], 1610.

GREGÓRIO MAGNO. Dialogorum libri IV. In: MIGNE, J.P. *Patr. lat.* t. 77, col. 149s.

_____. Expositiones in Librum primum Regum. In: MIGNE, J.P. *Patr. lat.* t. 79, col. 17s.

HAMMER-JENSEN, I. *Die àlteste Alchemie*. Copenhague: [s.e.], 1921.

HAUER, J.W. *Symbole und Erfahrung des Selbstes in der indo-arischen Mystik*. Eranos-Jahrbuch II. Zurique: [s.e.], 1934-35.

HÄUSSERMANN, F. *Wortempfang und Symbol in der alttestamen-tlichen Prophetie* (Beihefte zur Zeitschrift für die alttestamentliche Wissenschaft, 58). Giessen: [s.e.], 1932.

HILDEGARD VON BINGEN. Scivias, vel Visionum ac revelationum libri tres. In: MIGNE, J.P. *Patr. lat.*, t. 197, cols. 383-738.

HOLMYARD, E.J. (org. e trad.). *Kitab al-'ilm al-muktasab fi zirâ'at adh-dha-hab*. Book of knowledge acquired concerning the cultivation of gold. Abu'l-Qasim Muhammad ibn Ahmad al-'Irâql. Paris: [s.e.], 1923.

HUBERT, H. & MAUSS, M. *Mélanges d'histoire des religions* (Travaux de l'Année Sociologique). Paris: [s.e.], 1909.

IRINEU. Contra (adversus) haereses. In: MIGNE, J.P. *Patr. gr.*, t. VII, col. 433s. s.d.

_____. *Des Heiligen Irenaeus fünf Bücher gegen die Haeresien*. Munique: [s.e.], 1912 [Trad. de E. Klebba].

JAMES, W. *Pragmatism*. Londres/Nova York: [s.e.], 1911.

JUNG, C.G. *Die Beziehung zwischen dem Ich und dem Unbewussten*. 6. ed. [s.l.]: [s.e.], 1963 [OC, 7].

_____. Über die Psychologie des Unbewussten. [s.l.]: [s.e.], 1960 [OC, 7].

_____. Der philosophische Baum. In: JUNG, C.G. *Von den Wurzeln des Bewusstseins*. [s.l.]: [s.e.], 1954 [OC, 13].

_____. Die Visionen des Zosimos. Eranos-Jahrb. 1937-1938. In: JUNG, C.G. *Von den Wurzeln des Bewusstseins*. [s.l.]: [s.e.], 1954 [OC, 13].

_____. Theoretische Uberlegungen zum Wesen des Psychischen. Eranos-Jahrbuch 1946-1947. In: JUNG, C.G. *Von den Wurzeln des Bewusstseins*. [s.l.]: [s.e.], 1954 [OC, 8].

_____. Über den Archetypus mit besonderer Berücksichtigung des Animabe-griffes. In: JUNG, C.G. *Von den Wurzeln des Bewusstseins*. [s.l.]: [s.e.], 1954 [OC, 9/1].

_____. Über die Archetypen des kollektiven Unbewussten. In: JUNG, C.G. *Von den Wurzeln des Bewusstseins*. [s.l.]: [s.e.], 1954 [OC, 9/1].

_____. *Symbole der Wandlung*. [s.l.]: [s.e.], 1952 [OC, 5].

_____. *Aion*. Untersuchungen zur Symbolgeschichte. [s.l.]: [s.e.], 1951 [OC, 9/2].

_____. *Psychologie u. Alchemie*. [s.l.]: [s.e.], 1944 [OC, 12].

_____. Der Gegensatz Freud-Jung. In: JUNG, C.G. *Seelenprobleme der Gegenwart*. [s.l.]: [s.e.], 1931 OC, 4].

_____. *Psychologische Typen*. [s.l.]: [s.e.], 1921 [OC, 6].

_____. Über das Unbewusste. "Schweizerland". Fasc. IV. [s.l.]: [s.e.], 1918 [OC, 10].

_____. *Wandlungen und Symbole der Libido*. Viena: [s.e.], 1912.

_____. *Diagnostische Assoziationsstudien*. Leipzig: [s.e.], 1906/1911 [OC, 2].

JUNG, E. Ein Beitrag zum Problem des Animus. In: JUNG, C.G. *Wirklichkeit der Seele*. Zurique: [s.e.], 1934.

KELLER, G. & STRAUB, A. (trad.). *Herrad von Landsperg*: Hortus deliciarum. Strasbourg: [s.e.], 1879-1899.

KERÉNYI, K. & JUNG, C.G. *Einführung in das Wesen der Mythologie*. 4. ed. Zurique: [s.e.], 1951.

KESSLER, K. *Mani*. Forschungen über die manichäische Religion. Berlim: [s.e.], 1899.

KHUNRATH, H.C. *Amphitheatrum sapientiae aeternae...* Hanau: [s.e.], 1604.

_____. *Von hylealischen, Das ist Pri-Materialischen Catholischen, oder alge-meinen Natürlichen Chaos*. Magdeburg: [s.e.], 1597.

KIRCHER, A. *Mundus subterraneus*. 2 vols. Amsterdã: [s.e.], 1678.

KOEPGEN, G. *Die Gnosis des Christentums*. Salzburg: [s.e.], 1939.

KRAMP, J., S.J. *Die Opferanschauungen der römischen Messliturgie*. 2. ed. Regensburg: [s.e.], 1924.

KRANEFELDT, W. *Therapeutische Psychologie* – Ihr Weg durch die Psychoanalyse. 3. ed. Berlim: [s.e.], 1956.

KROLL, J. *Gott und Hölle* – Der Mythos vom Descensuskampfe. Leipzig: [s.e.], 1932 [Studien der Bibliothek Warburg, 20].

KRÜGER, G. *Das Dogma von der Dreieinigkeit und Gottmenschheit in seiner geschichtlichen Entwcklung dargestellt*. Tübingen: [s.e.], 1905 [Lebensfragen; Schriften und Reden, org. por Heinrich Weinel].

KÜKELHAUS, H. *Urzahl und Gebärde*. Berlim: [s.e.], 1934.

LEISEGANG, H. *Denkformen*. Berlim: [s.e.], 1928.

_____. *Die Gnosis*. Leipzig: [s.e.], 1924.

LÉVY-BRUHL, L. *La mentalité primitive*. Paris: [s.e.], 1935.

_____. *Les fonctions mentales dans les sociétés inférieures*. 2. ed. Paris: [s.e.], 1912.

LÜ BU WE (LÜ PU-WEI). *Frühling und Herbst des Lü Bu We*. Jena: [s.e.], 1928 [Org. por Richard Wilhelm].

MACROBIUS. *Commentarium in somnium Scipionis*. Lugduni: [s.e.], 1556.

MAITLAND, E. *Anna Kingsford* – Her Life, Letters, Diary, and Work. 2 vols. Londres: [s.e.], 1896.

MAJER, M. *Secretioris naturae secretorum scrutinium chymicum*. Frankfurt a. M.: [s.e.], 1687.

_____. *Atalanta fugiens, hoc est, emblemata nova de secretis naturae chimica*. Oppenheim: [s.e.], 1618.

_____. *Symbola aureae mensae duodecim nationum*. Frankfurt a. M.: [s.e.], 1617.

_____. *De circulo physico quadrato*. Oppenheim: [s.e.], 1616.

MEAD, G.R.S. *Pistis Sophia*. Londres: [s.e.], 1921.

_____. *Fragments of a Faith Forgotten*. 2. ed. Londres: [s.e.], 1906.

MEIER, C.A. *Spontanmanifestationen des kollektiven Unbewussten*. "Zentralblatt für Psychotherapie". Leipzig: [s.e.], 1939.

MEYER, W. "Die Geschichte des Kreuzholzes vor Christus. Abhandlungen der philosophisch-philologischen Classe der königl". *Bayerischen Akademie der Wissenschaft*, XVI, 2, 1882. Munique.

MIGNE, J.P. *Patrologiae cursus completus*. Series latina. 221 vols. Paris: Migne 1844-1880 [Cit. aqui como *Patr. lat.*].

MYLIUS, J.D. *Philosophia reformata*. Frankfurt a. M.: [s.e.], 1622.

NIETZSCHE, F.W. *Werke*. Leipzig: [s.e.], 1900.

NINCK, M. *Wodan und germanischer Schicksalsglaube*. Jena: [s.e.], 1935.

ORÍGENES. Contra Celsum. In: MIGNE, J.P. *Patr. gr.* t. XI, cols. 657s. [s.d.].

_____. In Jeremiam Homiliae. In: MIGNE, J.P. *Patr. gr.*, t. XIII, cols. 253s. [s.d.].

OTTO, R. *Das Gefühl des Überweltlichen*. Munique: [s.e.], 1932.

_____. *Das Heilige*. Breslau: [s.e.], 1917.

PANTHEUS, J.A. *Ars transmutationis metallicae*. Veneza: [s.e.], 1519.

PEARCY, H.R. *A Vindication of Paul*. Nova York: [s.e.], 1936.

PERCIVAL, M.A. *William Blake's Circle of Destiny*. Nova York: [s.e.], 1938.

PERERIUS, B., S.J. *De magia*. De observatione somniorum et de divinatione astrologica, libri tres. Colônia: [s.e.], 1598.

PEUCER, C. *Commentarius de praecipuis generibus divinationum*. Wittenberg: [s.e.], 1560.

PITRA, J.-B. *Analecta sacra spicilegio solesmensi parata*. 8 vols. Paris: [s.e.], 1876-1891.

PLATÃO. *Timaeus und Kritias*. 2. ed. Leipzig: [s.e.], 1922 [Trad. de Otto Apelt. (Philosophische Bibliothek, 179)].

_____. *Symposion*. [s.l]: [s.e.], [s.d.].

PLUTARCO. De defectu oraculorum. *Plutarch's Werke*. Vol. X. Stuttgart: [s.e.], 1858 [Trad. de J.C.F. Báhr].

POPELIN, C. *Le songe de Poliphile*. 2 vols. Paris: [s.e.], 1883.

PREUSCHEN, E. *Antilegomena* – Die Reste der ausserkanonischen Evangelien u. urchristlichen Überlieferungen. Giessen: [s.e.], 1901.

REITZENSTEIN, R. *Poimandres*. Leipzig: [s.e.], 1904.

REUSNER, H. *Pandora, das ist die edelst Gab Gottes, oder der werde und heilsame Stein der Weysen*. Basileia: [s.e.], 1588.

Rosarium philosophorum. Secunda pars alchimiae... cum figuris. Frankfurt a. M.: [s.e.], 1550.

RUPESCISSA, J. De. *De la vertu et la propriété de la quinte essence*. Lyon: [s.e.], 1581.

RUSKA, J. *Turba philosophorum*: Ein Beitrag zur Geschichte der Alchemie (Quellen und Studien zur Geschichte der Naturwissenschaften und der Medizin, 1). Berlim: [s.e.], 1931.

_____. *Tabula smaragdina*: ein Beitrag zur Geschichte der hermeneutischen Literatur. Heidelberg: [s.e.], 1926.

SALOMON, R. *Opicinus de Canistris*: Weltbild und Bekenntnisse eines avignonesischen Klerikers des 14. Jahrhunderts. Codex Vaticano Palatino Latino, 1993. The Warburg Institute. Londres: S.W., 1936.

SALZER, A. *Die Sinnbilder und Beiworte Mariens in der deutschen Literatur u. lateinischen Hymnenpoesie des Mittelalters*. Linz: [s.e.], 1886.

SCHMIDT, C. *Pistis sophia*. Leipzig: [s.e.], 1925.

SCHOLEM, G. *Die jüdische Mystik in ihren Hauptströmungen*. Zurique: [s.e.], 1957.

SCHOLZ, H. *Die Religionsphilosophie des Als-Ob*. Leipzig: [s.e.], 1921.

SCOTT, W. (org.). *Hermetica*. 4 vols. Oxford: [s.e.], 1924-1936.

SILBERER, H. *Der Traum*. Stuttgart: [s.e.], 1919.

SINGER, C. (org.). *Studies in the History and Method of Science*. Oxford: [s.e.], 1917.

STEEBUS, J. Chr. *Coelum sephiroticum hebraeorum*. Mainz: [s.e.], 1679.

TAYLOR, F.S. "A Survey of Greek Alchemy". *Journal of Hellenistic Studies*, L. 1930. Londres.

TERTULIANO. Adversus Judaeos. In: MIGNE, J.P. *Patr. lat.*, t. II, col. 595s.

TOMÁS DE AQUINO. *Summa theologica*. 9 vols. Paris: [s.e.], 1868.

WAITE, A.E. *The Secret Tradition in Alchemy*. Londres: [s.e.], 1926.

WILHELM, R. (org.). *Das Geheimnis der Goldenen Blüte*. Ein chinesisches Lebensbuch., Zurique: [s.e.], 1957 [Trad. do chinês e notas de R. Wilhelm. Comentário do ponto de vista europeu de C.G. Jung. 12-14 milh.].

_____. *I Ging*. Das Buch der Wandlungen. Jena: [s.e.], 1923.

WOLFF, T. Einführung in die Grundlagen der Komplexen Psychologie. *Die kulturelle Bedeutung der Komplexen Psychologie*. Edição comemorativa do 60° aniversário de C.G. Jung. Berlim, 1935. Reed. in: Studien zu C.G. Jungs Psychologie. Zurique: [s.e.], 1959.

ZELLER, E. *Die Philosophie der Griechen*. 3 vols. 2. ed. Tübingen/Leipzig 1856-1868.

ZIMMER, H. *Kunstform und Yoga im indischen Kultbild*. Berlim: [s.e.], 1936.

Índice analítico[*]

Absolvição, 86
Acetum (vinagre), nota 88 (Cap. III)
Adão, 47
- e Eva, nota 48 (Cap. II)
- morte de, 56
- e segundo, 94, 161
Adão Cadmon, 90
Adaptação deficiente, 159
Adônis, 162
Adversário, 133
afeto(s), como causa dos sonhos, 32
- em relação a Deus, v. e. tít.
Água(s), na Alquimia, 151
- batismal, 161
- colorida, 128
- divina, 158, 161, nota 90 (Cap. III)
- hydor theion, 151, 160
- como parte da Trindade, 107
- superiores e inferiores, 160
Alma, 13, 72, 133, 136, 144, 160
- autonomia da, 144
- como círculo ou esfera, nota 15 (Cap. III)
- corpo, v. e. tít.
- perigos da, 23, 29
- como quadrado, nota 6 (Cap. II), 124

- subestima da, 28
- união da alma com Deus, 124
Alma do mundo (v. tb. anima mundi), 160
Alquimia, 160, 161
- chinesa, 161
- grega, 160, 161
- latina, 161
- símbolos, simbologia da, 98s.
Alquimista(s), 92
Alucinação, 95
Amarelo, 129
Ambição, 77
Amok, estado de, 29
Amor, 163
Ângulo reto, 128
Anima, 47s., 128
- como inconsciente, 71s., 107, 128
- "segredo" da, 73
Anima "in compedibus", nota 47 (Cap. III)
Anima media natura, 92, 152
Anima mundi (alma do mundo), 92, 113, 152, 160, nota 91 (Cap. III)
Animal, animais, águia, 97, nota 4 (Cap. III)
Elefante, 5

---

[*] A numeração dos verbetes corresponde à paragrafação do livro.

Gibão (macaco), 54
Leão, 97
Pássaro, 111
Peixe, 92
Serpente, v. e. tít. urso, 90, 128
- selvagem, transformação em, 25
- transformações de, 56, 109
Animismo, nota 33 (Cap. III)
Animosidade, 48
Animus, 48
Anjo(s), 20, 97, 116
- queda dos, 104
Anões, 120
Anthropos, 97
- Adão, v. e. tít. Antão, Santo, 32
Antiguidade (clássica), 133, 140, 149, 160
Aqua permanens, 151, 160s.
Arcano, 151, 152, nota 90 (Cap. III)
Arquétipo(s), hereditariedade do, 88, 165
- imagens coletivas como, 88
- o quatro como, v. e. tít.
- tempo, 146s.
Árvore, nascimento do seio da, 163s.
Ascese, 50
Associação, experimento da, 21, 37
Astronomia, 140
Ateísmo, 35, 140, 142
Atitude, intelectual, 56
- religiosa, 53, 138
Autoconhecimento, 140
Autocrítica, 86
Antogenes, 60
Azul, 111, 113, 117s, 120, 123, 125, 128, 160

Barbelo, barbeliotas, 60, nota 46 (Cap. III)
Bem e Mal, 133
Benedictio fontis (bênção da fonte), 161
Beya, 164
Binarius, 104, 122
Bola, jogo da, 109
Bolchevista, 24
Bruxas, 20
Buda, 10, 113

Cabiros, 119s, 125
Calendário, 118, 120, 126
Caos, 92, 160
- *chaos confusum* (Hortulano), 160
Caprichos, disposições de espírito, 48,130
Caráter, transformações que se operam no, 25
Carcinoma imaginário, 14, 27, 36
"Casa da Concentração", 63, 128, 136, 140
casca, travessa, 109, 136
- com quatro nozes, 90, 109
Cassiano, 32
Catolicismo e paganismo, 50
- e protestantismo, 75
Centelha, 154
Centro, nota 26 (Cap. II), 152
- concentração em torno de, 156
- no homem, 138
- como mediator (mediador), 150, nota 91 (Cap. III)
- como símbolo de conjunção (unificação), nota 91 (Cap. III)
- vazio, 114, 136
Céu, 161
Chafariz, 90, 109

Chapéu, redondo, 90
Chifres, 104, nota 11 (Cap. III)
Cibele, 10
Ciência, e fé, 81
- moderna, 140
- e técnica, 83 círculo(s), 136
- dividido em quatro partes, 90s., 109, 124, 150, 153
- feito do homem e da mulher, 92
- marrom, 111, 113, 125, 160
- de ouro, 160
- como proteção, 157
- representações medievais do, 155
Citrinitas, 98
Civilização, 134
Compensação, compensações, mediante o inconsciente, mediante
Conteúdos inconscientes, v. e. tít.
Complexo(s), autonomia dos, 21s., 26
- de inferioridade, 130
- e neurose, 37
- paterno, 24
- recalque, 22
Conceição, Imaculada, 81
Concepção do mundo, 51
Confissão (dos pecados), 15, 33, 76, 86
Conflito(s), 140
- entre a consciência e o inconsciente, v. e. tít.
- moral, 51
"Coniunctio", 92
Consciência, 53, 140, 150
- debilitação da, 41
- domínio da c. pelo inconsciente, 22
- *hybris* (soberba) da, 141
- e inconsciente, 22s., 39, 64s., 83, 141, 154

- modificação da, 3, 10
- transformação da, 113
Consciência má, 86
Copa (cratera), 150, nota 90 (Cap. III)
Coré, 149
Cores, quatro, 90, 111, 113, 124s., nota 24 (Cap. III), 158 três, 120s., 128
Corpo, e alma, nota 35 (Cap. I)
- como quarto elemento, 107, 124
- transformação do, nota 88 (Cap. III)
Crianças, quatro, 113
"Criminoso estatístico", em nós, 129
Cristal, 122
Cristianismo, 160
- ascese do, 43
- e gnosticismo, 160
- e paganismo, 43s., 81
Cristo, nota 2 (Cap. I), 32, 123, 136, 150
- Adão Cadmon como, 93
- alegorias de, 60, nota 7 (Cap. II), 93, nota 88 (Cap. III)
- caráter arquetípico da vida de, 146
- "corpo" de, 149
- como Deus que morre e se transforma, 146
- humanidade dogmática de, 105
- e a Igreja, 122, 152
- paralelo entre Cristo e a pedra filosofal, 92, 160
- ressurreição de, 146, 149, 154
- sangue de, 151
- triunfador, 113, 122, 126, 137
- como "A Vida", 60
cruz, 81, 112

- como quaternidade, nota 7 (Cap. II)
- como símbolo, 107, 136, 157
curandeiro, 30
Dalai-Lama, 149
Demônio(s), 8, 10, 141, 154
Demiurgo, 133, 160
- adormecido, 92
- *prima materia* (Matéria primordial) como, 92
Descida, 160, 161
Deus e *anima*, 132
- bissexualidade de, 47, 152
- círculo como símbolo de, 92, 93, 136
- criação, escolha de, 143
- "Deus *terrenus*", 150
- encarnação de, 138, 141
- esfera como alegoria de, 93, 137
- existência de, 102
- experiência de, 82
- como fator psíquico, 137, 142
- graça de D., presença da, 7
- e o homem, 82, 100, 157, 166
- união, "reconciliação" entre, 124, 136
- ideia de, 97, 101
- projeção da, 158
- imagem de, projeção da, 156
- "interior", 101, 105
- no mandala, 136, 139, 141, 157
- que morre e ressuscita, 163
- morte de Deus, "Deus está morto", 142, 144
- "mungu" como, 30
- nascimento de, 125
- provas da existência de, 102
- revelação de, 97
- e o quatro, 98, 100, nota 46 (Cap. III)
- submissão a, 82

- temor de, nota 12 (Cap. II)
- e o três, 124
- vontade de, sumissão à v. de, 138
- unidade de, união com, 98
Deusa, quadrado como símbolo da, 136
Deuses, 8, 20, 164
- fusão dos d. em um só Deus, 141
- como personificações, 141
- como projeções, 141
Diabo (cf. tb. satã, satanás), 150, 167, nota 37 (Cap. III)
- autonomia do, 103
- e belzebu, 167
- como binarius, nota 11 (Cap. III)
- como "contrapartida" de Cristo, 103
- e a Trindade e a quaternidade, 104
Diamante, corpo diamantino, 161
Dioniso, 45
- identificação de Nietzsche com, 142
Dissociação, 157, 159
Divindades da natureza, fim das, 145
Dogmas, 10, 75s.
- amparo (proteção) dos, 33
- e quaternidade, 126
- e símbolos naturais, 56-60
- como símbolos: simbologia, simbólica dos, 168
- e teoria científica, 81s.
- valor do, 81
Dois, unidade do, 122
Dorje (belemnita), 113
- dualidade (número dois), 104

Eclipse solar, 24
Egocentricidade, 156

Efeito, do numinoso, 6
Elefante, v. animais elementos, quatro, 92s., 120s.
Elixir, nota 35 (Cap. I)
- *vitae* (da vida), 161
Emoção, emoções, 132
Encarnação de Deus, v. e. tít.
Energia, liberação de, 82
Esfera(s), 90, 93, 109, 112, 138, 157
Espírito, das águas, 160
- e matéria, 124, 160
- na pedra, 160
- como "subtle body", 160
Espírito Santo, 118, 151
- descida do, 161
- incubação do, 160
- como mãe, 126
- propriedade feminina do, 126
Espírito, espíritos, 8, 20, 154
Esquizofrenia, 145
Estações do ano, quatro, 91, 109, 113, 120
Estado de amok, v. e. tít. Estado, e Indivíduo, 141
Estrela(s), 109, 136, 157
- de quatro raios, 90 eu (ego), 67, 145
- e o si-mesmo, 67, 154 Eva, 47
- Adão e, v. e. tít. Evangelistas, quatro, nota 7 (Cap. II), 97, 113, 123, 126
Existência psíquica, consciência como, 21
Experiência(s), 2, 110
- de Deus, v. e. tít.
- divina, 52
- imediata, 75, 85, 88, 148
- do inconsciente, v. e. tít.
- numinosa, 75, 106
- do numinoso, v. e. tít.

- proteção contra a, 78
- psíquica interior, 32
- religiosa, 10, 75, 86, 102, 106, 167
- tomar a sério as, 167
- totalidade de uma, 68
Experimento de associação, 21, 37
Ezequiel, visão de, 100

Fator(es), dinâmico(s), 8
- inconscientes, 82
- psíquicos, 137, 142
Febre histérica, 15
Figuras oníricas, v. sonhos.
Filius sapientiae (filho da sabedoria), 107 flor, 90, 136, 138
- do mar, 123
Fogo, como alegoria de Cristo, 58, 60
- como *aqua permanens*, nota 88 (Cap. III)
- destruidor e criador do mundo, 84
- inextinguível, 58, 60, 75
- como parte da Trindade, 63
- como "vida", 60
Folclore, 88
Fons (fonte), v. poço, chafariz, Fonte
- *benedictio fontis*, v. e. tít.
- *fons signatus* (fonte selada), 126

Gabricus, 164
Gilgamesh, 27
Gnose, 81, 127, nota 60 (Cap. III), 168
- Cristianismo, 160
- e gnosticismo, 127
- pensamento de totalidade da, nota 59 (Cap. III)
Grécia, deuses da, v. e. tít. guerra mundial, 83

"Habitudes directrices de la conscience", 89
Hades, nota 47 (Cap. III)
Harmonia, 110, 124, 138, 166
Hereditariedade, 165
Heresia, 105, 160
Hermafrodito, 47, nota 36 (Cap. I), 152
Hermafrodita, transformação em, 161
Hermes, 10
- copa (cratera) de, 150, nota 90 (Cap. III)
- como psychopompos (aquele que mostra o caminho), 160
- Quelênio, Trismegisto, 160
Herói, 146
Homem, e Deus, v. e. tít.
- como expressão do si-mesmo, 157
- "homo Adamicus", 47
- "orno albus", 153
- interior, 47
- moderno, e a Igreja, 84
- - e o símbolo do quatro, 100
- pneumático, 153
- superior, identificação com o, 134
- totalidade do, 139s.
- transformação do, 166
Homem-Deus, 81, 141
Homem e mulher (macho e fêmea), nota 35 (Cap. I), 92
Homúnculos das veias, nota 5 (Cap. III)
horóscopo, horoscopia, 114
Hórus, 113
Hybris (soberba) humana, 144
Hydor, theion, v. água *hyle* (matéria primordial), 160

Iantra, 113, 136
Idade Média, 124s., 159s.
- mistério da Trindade na, 124
Ideia(s), como fatores dinâmicos, 8
- formação espontânea das, 4
- obsessiva, 22
- originárias, 89
- súbita, 69
- verdade psicológica das, 4
Igreja, 34, 82s.
- Católica, 7, 10, 34, 40, 161
- e Cristo, v. e. tít.
- e a quaternidade, 105
- e a revelação em sonhos, 32
- como esposa, 122
Iluminismo, 34
Ilusão, ilusões, 140, 167
Imaculada Conceição, v. Conceição
Imagens sagradas (v. tb. arquétipos), 90
- como expressão do inconsciente, 82
Impulsos, instintos, como fatores naturais, 143
Inconsciente (o), 105, 141
- autonomia, conteúdos autônomos do, 21, 81, 141
- compensações por meio do, 35
- criador de símbolos, 106, 150, 157, 167
- espontaneidade do, 35
- experiência do, 85, 87
- feminino, 48
- função religiosa do, 3, 39s., 82
- intencionalidade (orientação) do, 63
- e a massa, 23
- medo, temor de, 23, 28
- perigos do, 31, 149
- personificações do, 4, 70s., 107

Individual (O), como "histórico", 146
Indivíduo, 140
- e coletivo, 88, 134
Inferioridade espiritual, recalque da, 131
Inferno(s), 83
- descida aos, 149
Inflação, 142, 144, 156
Iniciação, iniciações, 100
Instintos, v. impulsos intelecto, 141
- abuso do, 27
Intuição, 69
Ioga, 7, 101, 136
Iogue, 113
Irmãos (irmãs) inimigos, 134
Ísis, nota 90 (Cap. III)
"Ismos", 144s.

Jardim, 91, 109
- *hortus conclusus* (jardim fechado), 126
Jazz, 43, 50
Jesus, 40
Jovens, os três, na fornalha ardente, nota 12 (Cap. III)
Júpiter, 160

Lapis Philosophorum (Pedra filosofal) (cf. tb. pedra), 150, 153, 160
- como Hermafrodito, 152
Lei(s), 8
Liberdade, ilusão da, 144
- moral, supressão da, 143
Lótus, 113, 123
Luz, 60
- "movimento (curso) circular", nota 3 (Cap. III)

Macaco, como personalidade instintiva, 56
- reconstituição do, 54, 56
Macho e fêmea (v. homem e mulher)
Macrocosmo, 92
Magia, 7
Magos, 20
Mal(o), e a quaternidade, 107
- e a Trindade, 103
Mandala(s), 124s., 137s., 152, 157-160, 167
- abstração do, 128
- budista, 113
- centro do, 136
- moderno, 139, 156
- representações de, 100
- simbolismo do, 160
- como "símbolo de conjunção (unificação), 136
- tibetano, nota 26 (Cap. III)
Maomé, 10
Mar, como inconsciente, 160
Maria (cf. tb. Virgem), nota 53 (Cap. II), 122s.
- como mãe de Deus, 126
Marrom, 122
Massa confusa, 160
Matéria, 160
- e espírito, v. e. tít.
- projeção na v. e. tít.
- transformação da, 161
Matéria-prima v. *prima materia*
Mediação, 43, 63, 150
Mediador, 150
Medo, temor, 84s.
- dementes, 85
- do inconsciente, 56
- do vizinho, 85
Melotesia, nota 7 (Cap. II), 113

Mercúrio, 151, 160, nota 88 Cap. II)
Mercúrio, nota 35 (Cap. I), 151, nota 91 (Cap. III), 163
- como espírito, *spiritus*, 160
- como serpente, 160
Mesa, e quatro cadeiras, 91, 109
- redonda, 109
Metafísica; enunciados metafísicos, verdade dos, 166
Microcosmo, 155-158, 160
Migração, e tradição, 5, 88
Mimir, nota 29 (Cap. I)
Missa, 33
- sacrifício da, 146
Mitologia, 88
Mitra, 10
Mônada(s), nota 7 (Cap. II), 97
Monogenēs, como símbolo da quaternidade, 60, 97
Monte Elgon, 30
Moral, 130
Movimento circular, 109
Mulher, "imagem da", 128
- desconhecida, no sonho, 40, 45s., 71
- como quarto elemento, 107
Mundo, "des-animação" do, 140, 141
"Mungu", 30

Natura abscondita (natureza oculta), nota 47 (Cap. III), 154
Natureza, 130
- filosofia medieval da, 152s.
- e quaternidade, 105
Necessidades afetivas, esquivar-se das, 72
Neurose, 12, 26, 37s., 77-79, 159, 167
- causas da, 14s., 79, 129s.
- cura da, 167

- psicologia da, v. e. tít. nigredo (Negrura, negror), 98
Nous, 150s., 160, nota 90 (Cap. III)
Physis (natureza), v. e. tít. nozes, quatro, 90, 109
"numinoso" (*Numinosum*), 6, 30
- efeito do, 7
- da experiência divina, 52
Numinosidade, experiências Numinosas, 9

Objetivo do opus magnum (da Alquimia), 161
Objeto e sujeito, v. sujeito e objeto
Obsessão (Besessenheit, Obsession), 20s., 27, 35, 141, 142
Ocultismo, 105
Odin, nota 29 (Cap. I)
Olho(s), 128
- invertido (BOEHME), nota 26 (Cap. III)
Oniromancia, 105
Opinião, opiniões, 48, 83
- pública, 12
Opostos, contrários, reconciliação dos, 133, 150
- unificação dos o. no centro, 152
Orbe terrestre, 123
Orvalho, nota 88 (Cap. III)
- como alegoria de Cristo, nota 88 (Cap. III)
Oseias, 32
Ouro, 92, nota 30 (Cap. II), 111-113, 160
- como cor do Pai na Trindade, 1183
- transformação em, 161
"Outro"(o), 140, 143
- em mim, 140, 143 ovo, 92, 110

Pã, 145
Padre católico e pastor protestante, 78
Panaceia, 161
Pânico, 24, 56
"Panspermia", nota 26 (Cap. II)
Paráclito, 126
Paraíso, 92, 116
Pássaro, v. animais
Paulo, 40
- conversão de, 9
Pecado, 82
- conscientização do, 86
Pecadores, inconsciente, 130
Pedra (cf. tb. *Lapis*), 104, 136
- "que encerra um espírito", 160
- filosofal, 92, 153, 158
- ermafrodita, nota 54 (Cap. II)
- e microcosmo, 155, nota 87 (Cap. III)
- mistério da, 93
- como *prima materia*, 160
Peixe, v. animais penitência, 82
Pensamento, circular, nota 59 (Cap. III)
- como função espiritual, 81
- de totalidade, nota 59 (Cap. III)
Peregrinatio (peregrinação), nota 51 (Cap. II)
Perfeição, 144
Perils of the soul, v. perigos da alma
Perpetuum mobile (móvel eterno), 125
Personalidade, consciente e inconsciente, 65s., 79
- dissolução da, 156
- transformação da, 159
"Philosophia", 160
Physis, nous O, 160

Pistis, 9, 74, 167
Planetário, sonho do, 163
Pneuma, 160
- *antimimon pneuma*, v. e. tít.
Poder(es), 8, 85, 142, 143
Poimandres, nota 35 (Cap. I)
Pomba, branca, 150, 160
- do Espírito Santo, 126
Ponto, *punctum* (Mylius), 155
- perfeição, 92
Preconceitos, 73, 100, 143, 167
*Prima mate*ria (matéria Primordial), 93, 160
Primitivo(s), 140
- tabus dos, 30
Projeção, projeções, 85, 92
- antropomórfica, 141
- deuses como, 141
- de ilusões, 140
- de conteúdos inconscientes, 95
- retirada de, 140, 143, 156
- da sombra, v. e. tít.
- na vida diária, 140
Protestante, 86
Protestantismo, 10, 33, 43, 75, 84s.
- e catolicismo, 33s., 86
- denominações, cismas do, 83
Psicose, 83s.
Psique, 14, 21, 87
- acontecimentos psíquicos 5
- e cérebro, conexões entre, 14
- inconsciente, 64, 140
- intelecto, 142
- totalidade da, 68s.
Psicologia, 3
- empírica, 5
- e religião, 1s., 137, 146s., 162s.
Psicoterapia, 108
Psoríase, 15

Quadrado, 90, 92, 109, 128, 136
Quadratura, 158
Quarto, como arquétipo, 90
Quaternidade, 62, 97-101, 136
- caráter numinoso da, 91
- como fórmula do inconsciente, 103, 107
- símbolos da, 60, 108
Quatro(o), quarto elemento, quarto termo, 93s., 124s.
- na Alquimia, nota 9 (Cap. II), 98
- Evangelistas, v. e. tít.
- olhos, 128
- como símbolo, 90
- velas acesas, 58, 60
Quinta essentia, 104, 160

Racionalismo, 56, 81
Razão, 23, 83, 133, 160
- abuso da, 27
Rebis, hermafrodita, 107, nota 91 (Cap. III)
Recalque, repressão, 22, 136
- e neurose (Freud), 129
- e supressão, 129
Recipiente, 166
- redondo, 152
Redenção, 82
Obra divina da, 124
Redentor, 160
Redondo(o), 92, 95, 109, 122, 158
Redução, a motivos pessoais, 26
Reforma, 150
Regressão, 159
Rei, no mar, 160
- e rainha, 125
Religere "religio" (Religião), 6, 73
Religião, 52, 160
- como conceito, 6, 9
- como confissão (de fé), 73s.

- enunciados religiosos, experiência, v. e. tít.
- da infância, volta à, 51
- e psicologia, v. e. tít.
- como substitutivo, 58, 71
relógio, 90, 109, llls., 114
- do mundo, 90, 111, 125, 128, 138, 158, 164
-- como símbolo de conjunção (unificação), 136
Renascimento (novo nascimento), 163
- espiritual, 56, 161
Renascimento (Renascença), 84
Respeitabilidade, 12
Representações, hereditariedade das, 165
Ressentimentos, 143
Ressurreição, corpo de, 161
- de Cristo, v. e. tít.
Revelação, de Deus, v. e. tít.
- individual, e Protestantismo, 33
Revelações, como irrupções do Inconsciente, 152
Rito(s), 7, 76, 86
- de criação e renovação, 164
- e magia, 32
- perda do, 82
Roda, de oito raios, 90
- solar, nota 44 (Cap. II)
Roma, 81s., 84
Rosa, nota 7 (Cap. II)
- *rosa mystica*, 126
Rotação, 109s., 114
"rotundum", 92, 152, 160
Rubefactio, 98

Sábio, o velho, 63
Sacrifício, 7, 82
Sangue, de Cristo, v. e. tít.

- *spiritus sanguis* (sangue de espírito), nota 88 (Cap. III)
Santa Sofia, 40
Sapientia, 126, 161
"scintilla" (centelha), 152
Semelhança essencial, dos conteúdos simbolizados, 126
Sentimentos, 163
Serpente(s), nota 35 (Cap. I), 109, 136-138, nota 91 (Cap. III)
- dupla (Dorneus), 104, nota 11 (Cap. II)
- quatro, 109
- de Mercúrio, 160
Servus rubeus (escravo vermelho), 164
Sexualidade reprimida, recalcada, 77, 142
Shiva e Shakti, 113, 152
Sileno, nota 29 (Cap. I)
Simbolismo, medieval, 159
- moderno e Antiguidade (clássica), 165
- nos números, 91
- religioso, de processos inconscientes, 3, 106
Símbolo(s), 125
- abstrato, 158
- de conjunção (unificação), 136, nota 91 (Cap. III)
- e o inconsciente, 167
- naturais, 56-60, 149
-- história e psicologia do, 108-113
- raízes históricas dos, 160
Si-mesmo(o), 140, 154
- concentração em torno do, 156
Sofrimento, neurose como Substitutivo, 129
Sol, 90, 113, 136-138, 160
- vivificante, 100

Sombra, 132, 134
- projeção da, 140
Sonho(s), 81, 138
- de advertência, 28
- arquetípico, 146
- classificação dos, 32
- constituídos de material coletivo, 88
- enviados por Deus, pelo diabo, 32
- fenomenologia dos, 41
- figuras que surgem nos, *anima* e *animus*, 48
- interpretações dos, 32, 41
-- segundo Freud, 40
-- dentro da série, 53
- negativos e positivos, 53
- observação dos, 28, 32
- e o opus filosófico, 95
- preconceito contra, 28, 35
- prenunciadores, 32
- dos primitivos, 30s.
- como produto natural, 41, 136, 152
- psicologia dos, 41
- religiosos, 39s., 42s., 17s.
- significado, valor dos, 87
- simbolismo da totalidade e de Deus nos, 101s.
- transformação de animais durante o, 54
Sonho da "Casa da Concentração", 58s., 63, 128, 136
- do gibão, 54
- da igreja, 49-52, 55-58, 63, 70s., 124
- do planetário, 163s.
Stupas de Barhut (Sanchi), nota 26 (Cap. III)
Subtle body (corpo sutil), 13, 36, 160
Superstição, 56

Tabu, 30
Técnica moderna, e ciência, 83
Temenos, 157
Tempo, 125, 146
- como símbolo, 112, 118-122
Terra, espiritualizada, 127
- forma quadrada da, 136
- como quarto elemento, quarta parte integrante, 107, 124
- virgo terra, nota 48 (Cap. II)
Tetrakys (quaternidade) pitagórica, 61, 90, 92, 95
Teocracia, 83
Tetramorphus (Tetramorfo), nota 7 (Cap. II), 98, 126
"Theoria", 160
Thot, nota 36 (Cap. II)
Totalidade irracional, 81
Touro (vaca), 97
Tradição, 160
- cristã, e experiência individual, 88
Transe, estado(s) de, 29, 81
Transformação, transformações, 161
- pela água, v. e. tít.
- do valor supremo, 149
Três, número, tríade, 91, 118, 119
- e quatro, nota 12 (Cap. II), 125, 128
Triângulo, 92
Trindade, 81, 91, 103, 108, 127
- cores de, 118s.
- e o elemento feminino, 122s.
- dos filósofos da natureza, 107
- interpenetração na, 126
- e quaternidade, 104, 107, 122
- como símbolo, 107, 118

Unilateralidade, 80
Upanishads, 140
Urso, v. animais vaca, v. touro

Valor supremo, transformação do, 149
Vas devotionis, 126
Vas hermeticum, 156
Velas acesas, 58
Vênus, 163
Verdade(s), nota 47 (Cap. III), 166
Verde, 128, 151, 160
- como cor de Espírito Santo, 118s.
Vermelho, 118, 128
Vida, como enfermidade com diagnóstico desfavorável, 167
- fogo como, v. e. tít.
- imediata, 88
- renovação da, 59
Virgem (cf. tb. Maria), 107
Visão, visões, 81, 95, 101, 138
- de Ezequiel, v. e. tít.
- de Guillaume DE Digulleville, 128, 160
- do Paraíso, 116s.
- como produto natural, 136
- do relógio do mundo, 111s., 138
- de Zózimo, v. e. tít. vontade, extinção da, 41
- livre-arbítrio, 143
Voz, nos sonhos, interior, 63s., 80, 128

Wotan, 44

Zagreu, 142
Zaratustra, 11
- como alter ego de Nietzsche, 142
Zózimo, visão de, 153
Zodíaco, 113

REFLEXÕES JUNGUIANAS

Corpo e individuação
Elisabeth Zimmermann (org.)

As emoções no processo psicoterapêutico
Rafael López-Pedraza

O feminino nos contos de fadas
Marie-Louise von Franz

Introdução à psicologia de C.G. Jung
Wolfgang Roth

O irmão – Psicologia do arquétipo fraterno
Gustavo Barcellos

A mitopoese da psique – Mito e individuação
Walter Boechat

Paranoia
James Hillmann

Puer-senex – Dinâmicas relacionais
Dulcinéa da Mata Ribeiro Monteiro (org.)

Re-vendo a psicologia
James Hillmann

Suicídio e alma
James Hillmann

Sobre eros e psique
Rafael López-Pedraza

Sonhos – A linguagem enigmática do inconsciente
Verena Kast

Viver a vida não vivida
Robert A. Johnson, Jerry M. Ruhl

Conecte-se conosco:

 facebook.com/editoravozes

 @editoravozes

 @editora_vozes

 youtube.com/editoravozes

 +55 24 2233-9033

www.vozes.com.br

Conheça nossas lojas:
www.livrariavozes.com.br

Belo Horizonte – Brasília – Campinas – Cuiabá – Curitiba
Fortaleza – Juiz de Fora – Petrópolis – Recife – São Paulo

EDITORA VOZES LTDA.
Rua Frei Luís, 100 – Centro – Cep 25689-900 – Petrópolis, RJ
Tel.: (24) 2233-9000 – E-mail: vendas@vozes.com.br